血液净化设备
创新发展报告

2023

丁 峰 王九生 孔晓玲 主编

中国非公立医疗机构协会肾脏病透析专业委员会
上海市高端医疗装备创新中心血液净化创新分中心

组 织 编 写

上海交通大学出版社
SHANGHAI JIAO TONG UNIVERSITY PRESS

内容提要

本书以临床医患为主体,以临床需求为导向,以创新发展为主线,围绕血液净化设备发展概述、临床需求、创新现状、治疗方式、数字化创新、创新发展趋势、机遇与挑战等内容,结合血液净化创新案例,展开全面深入的研究和分析,并提出未来发展建议。本书可帮助读者更全面地梳理现有设备创新点,了解血液净化设备创新发展现状,从而激发国内设备创造力,加速产业孵化,进而提供精准临床服务;也可为上下游产业链企业管理者投资决策提供支持,为政府部门制定相关政策提供借鉴。

图书在版编目(CIP)数据

血液净化设备创新发展报告.2023/丁峰,王九生,
孔晓玲主编.—上海:上海交通大学出版社,2024.6
  ISBN 978-7-313-30662-3

  Ⅰ.①血… Ⅱ.①丁…②王…③孔… Ⅲ.①血液透
析-医疗器械-制造工业-科技发展-研究报告-中国-
2023 Ⅳ.①F426.7

  中国国家版本馆 CIP 数据核字(2024)第 089852 号

血液净化设备创新发展报告(2023)
XUEYE JINGHUA SHEBEI CHUANGXIN FAZHAN BAOGAO (2023)

主　　编:丁　峰　王九生　孔晓玲
出版发行:上海交通大学出版社　　　　　　地　　址:上海市番禺路 951 号
邮政编码:200030　　　　　　　　　　　　电　　话:021-64071208
印　　制:上海颛辉印刷厂有限公司　　　　经　　销:全国新华书店
开　　本:787mm×1092mm　1/16　　　　印　　张:12.5
字　　数:268 千字
版　　次:2024 年 6 月第 1 版　　　　　　　印　　次:2024 年 6 月第 1 次印刷
书　　号:ISBN 978-7-313-30662-3
定　　价:88.00 元

版权所有　侵权必究
告读者:如发现本书有印装质量问题请与印刷厂质量科联系
联系电话:021-56152633

编　委　会

总 策 划　梅长林

主　　编　丁　峰　王九生　孔晓玲

副 主 编　张苏华　王　新　张　斌

编　　者（按姓氏笔画排序）

丁　峰　门建新　马文婷　王　莉　王　新　王　蔚　王九生　王宜峰

王诗宇　尹泽桦　孔晓玲　付　靖　叶艳妍　吕　莹　任玥衡　刘莹莹

关　华　李洪艳　李晓艳　李晓雷　余波光　辛惠君　张　琪　张苏华

张　斌　陈校园　胡屹玲　柳竹青　盛晓栋　楼　程

学术秘书　任玥衡　张　琪　王宜峰　王　莉

审稿专家（按姓氏笔画排序）

王应灯　上海交通大学医学院附属第九人民医院

左　力　北京大学人民医院

任　红　上海交通大学医学院附属瑞金医院

刘宝林　上海理工大学科技发展研究院

刘英莉　上海交通大学医学院附属第九人民医院

应滋栋　上海交通大学医学院附属第六人民医院

陈　静　海军军医大学第二附属医院（上海长征医院）

张　凌　四川大学华西医院

姜天骄　动脉网　蛋壳研究院

顾乐怡　上海交通大学医学院附属仁济医院

徐　岩　青岛大学附属医院

薛　骏　复旦大学附属华山医院

前　言

　　血液净化设备是指实施血液净化疗法所需配置的设备,包括血液透析机、血液透析滤过机、腹膜透析机、连续性肾脏替代机、血浆置换机和供水供液设备等,为了全面阐述血液净化设备的创新发展,本报告也将与之密切相关的耗材和具有辅助诊疗功能的软件系统纳入了讨论范畴。随着科技的迅猛发展,血液净化设备作为医疗领域的重要一环,正经历着前所未有的创新浪潮。

　　在人口老龄化程度增高、医保政策逐步健全、血液净化技术高度规范化的大背景下,我国需要长期接受血液净化治疗的患者越来越多,对生存质量的要求也越来越高。为了解决经济和设备原因导致血液净化治疗覆盖率低的问题,全面调研血液净化设备发展现状,系统分析现有血液净化设备创新点,科学探索血液净化设备创新态势,从而引导血液净化全产业链的蓬勃发展,中国非公立医疗机构协会肾脏病透析专业委员会和上海市高端医疗装备创新中心血液净化创新分中心组织编写了《血液净化设备创新发展报告(2023)》。

　　本报告共十章,以临床医患为主体,以临床需求为导向,以创新发展为主线,涵盖血液净化设备发展概述、临床需求分析、创新现状、治疗方式创新、数智化创新、创新发展建议等内容,结合血液净化创新案例,展开全面深入的研究和分析,并提出未来发展建议,以帮助读者更深入地了解血液净化设备创新发展现状,梳理现有设备创新点,提供精准临床服务,激发国内设备创造力,加速产业孵化。

　　本报告通过文献研究、定量数据分析、定性信息调研等形式,经历了提纲论证、中期报告、交叉审稿、专家审稿和主编统稿等阶段,历时一年完成。编委会坚持每两周召开一次例会,组织血液净化专业各岗位专家,既邀请临床医学专家、护理专家、工程技术和信息化专家,也邀请国内透析服务行业头部企业的主要负责人,从多维度不断进行思想碰撞、数据研读、观点提炼,以确保报告内容真实可靠、逻辑严密、引领前沿。

　　本报告适合从事血液净化的医务人员阅读,可为医务人员短期内了解血液净化设备发展概况,提供系统全面的文献资料;适合设备厂商的研发等工作人员阅读,可为研发人员提供临床需求和发展建议;也适合政府主管部门阅读,可为政府部门制定相关政策提供借鉴。

感谢所有为报告完成作出贡献的单位和个人,他们或参与撰写,或参与调研,或参与审稿,或提供支持,正是有了那么多人的支持和付出,报告才得以在短时间内完成,在此一并表示感谢。尽管报告力求集百家之长、通力合作,但编写过程中仍然遇到诸多客观条件限制,加之编者水平有限,错漏在所难免,还望读者慷慨指正,以利于我们在今后的修订中加以改进,不断完善,为推动血液净化设备创新发展贡献绵薄之力。

编 者

2023 年 12 月于上海

目　录

第一章

血液净化设备发展概述

　　血液净化设备是指实施血液净化疗法所需配置的设备,包括血液透析机、血液透析滤过机、腹膜透析机、连续性肾脏替代机、血浆置换机和供水供液设备等,为了全面阐述血液净化设备的创新发展,本报告也将与之密切相关的耗材和具有辅助诊疗功能的软件系统纳入讨论范畴。本章围绕血液净化临床应用、市场规模、产业链、投融资、并购等方面,阐述血液净化设备发展的概况,以期激发读者对血液净化设备创新发展的浓厚兴趣,跟随作者去探索未来的创新方向。

第一节　血液净化治疗

　　血液净化(blood purification)是指将患者血液引出体外,通过一种净化装置,除去其中某些致病物质,净化血液,达到治疗疾病的目的。腹膜透析(peritoneal dialysis, PD)虽没有体外循环,而是通过腹膜毛细血管交换溶液和溶质达到净化血液的目的,但从广义上讲,也应包含在血液净化疗法之内。

　　随着人们对治疗效果需求的变化,血液净化疗法在血液透析(hemodialysis, HD)治疗模式基础上,逐步发展产生其他治疗模式,如腹膜透析、血液滤过(hemofiltration, HF)、血液透析滤过(hemodiafiltration, HDF)、连续性肾脏替代治疗(continuous renal replacement therapy, CRRT)、单纯超滤(simple ultrafiltration, SUF)、血浆置换(plasma exchange, PE)、血浆吸附(plasma adsorption, PA)和血液灌流(hemoperfusion, HP)等,以及组合以上多种技术的杂合式治疗。

一、血液净化治疗适应证

　　终末期肾脏病和急性肾损伤是血液净化在肾病领域的两大主要适应证。目前,血液净化在肾脏和非肾脏疾病的常规、危重症治疗中已经得到了广泛应用。肾脏疾病适应证主要包括终末期肾脏病、急性肾损伤以及由肾脏功能损伤引起的严重水和电解质酸碱失衡、心力衰竭等;非肾脏疾病适应证主要包括药物或毒物中毒、脓毒血症、急性呼吸窘迫综合征、重症胰腺炎、肝性脑病以及自身免疫性疾病等(详见表1-1)。

表1-1　主要血液净化治疗模式及适应证

治疗模式	主要原理	适　应　证
血液透析 (HD)	弥散、超滤	适用于急、慢性肾衰竭,严重水、电解质和酸碱平衡紊乱,药物或毒物中毒,严重高热、低体温等。
腹膜透析 (PD)	弥散、对流、超滤	适用于急、慢性肾衰竭,高容量负荷,电解质平衡紊乱,以及其他肝功能衰竭和中毒等。

（续表）

治疗模式	主要原理	适应证
血液滤过（HF）	对流、超滤	适用于急、慢性肾衰竭，特别是伴以下情况者：常规透析易发生低血压，顽固性高血压，非容量负荷性心力衰竭，尿毒症神经病变，顽固性瘙痒、高磷血症等。
血液透析滤过（HDF）	弥散、对流、超滤	适用于急、慢性肾衰竭，顽固性高血压、低血压、心力衰竭、尿毒症心包炎、周围神经病变、肝衰竭、顽固性瘙痒、高磷血症、血液透析不耐受者。
连续性肾脏替代治疗（CRRT）	弥散、对流、超滤	肾脏适应证：急、慢性肾衰竭，尤其适用于血流动力学不稳定、伴有严重酸碱电解质紊乱或容量超负荷的重急症肾衰竭患者；非肾性适应证主要为需器官功能支持类疾病，如多器官功能障碍综合征、脓毒血症、中毒、肝衰竭等。
单纯超滤（SUF）	对流、超滤	严重水肿、药物治疗效果不佳的难治性心力衰竭、急慢性肺水肿等。
血浆置换（PE）	对流	适用于肾脏疾病，如抗中性粒细胞胞浆抗体相关的急进性肾小球肾炎、抗肾小球基底膜病等；免疫性神经系统疾病，如急、慢性炎症性脱髓鞘性多发性神经病等；风湿免疫性疾病，如重症系统性红斑狼疮、多发性硬化等；消化系统疾病，如肝衰竭等；血液系统疾病，如血栓性微血管病等；器官移植，如移植前去除抗体、移植后排斥反应等；自身免疫性皮肤疾病，如大疱性皮肤病、天疱疮等；代谢性疾病，如家族性高胆固醇血症；药物/毒物中毒等。
血浆吸附（PA）	吸附	适用于肾脏疾病，如狼疮肾炎、抗肾小球基底膜病等；风湿免疫系统疾病，如重症系统性红斑狼疮、类风湿关节炎等；神经系统疾病，如重症肌无力、急性炎症性脱髓鞘性多发神经病；血液系统疾病，如血栓性血小板减少性紫癜等；血脂代谢紊乱，如家族性高胆固醇血症等；消化系统疾病，如重症肝炎、免疫性肝病等；器官移植排斥、自身免疫性皮肤疾病、重症药物或毒物中毒等。
血液灌流（HP）	吸附	适用于急性药物或毒物中毒、终末期肾脏病（特别合并顽固性瘙痒、尿毒症心包炎及周围神经病、顽固性高血压等）、重症肝炎（高胆红素血症、肝性脑病等）、其他疾病（如脓毒症、重症急性胰腺炎）等。

考虑到治疗效果及可及性，血液透析是终末期肾脏病最主要的治疗方式。在国内，终末期肾脏病患者的治疗方式包括血液透析、腹膜透析和肾移植。其中血液透析最为普及，其治疗效果显著，适用性广，患者可及性较高；腹膜透析一般为居家治疗，需要患者或家属自行操作，尽管自动化腹膜透析的开展减少了换液操作次数，降低了感染发生率，但国内开展腹膜透析较血液透析晚，由于医疗理念、政策导向等问题，腹膜透析在国内的发展相对缓慢；肾源的稀缺性也限制了肾移植的可及性。

二、患者规模及治疗率

在中国，慢性肾脏病尤其是终末期肾脏病患者规模巨大，且呈现稳定上升趋势。中国第六次中国慢性病及危险因素监测结果显示，2018～2019年中国大陆地区约有8 200万成年慢性肾脏病患者，患病率约为8.2%，其中慢性肾脏病1～2期、3期、4～5期的患者占比分别为73.3%、25.0%、1.8%[1]①。

---

① 编者注：此处数据为文献原始数据。因四舍五入缘故，数字总和略大于100%。

中国血液透析病例信息登记系统(Chinese national renal data system, CNRDS)公布，2022年底我国大陆在透血液净化总人数近百万，其中血液透析患者总数84.4万，腹膜透析患者总数14.05万。2012～2022年间，我国血液净化患者总量呈现逐年增长的趋势，其中血液透析患者总量在这11年间年复合增长率达13.0%；腹膜透析患者年复合增长率达14.3%。随着医保政策逐渐完善，我国血液净化治疗患者还将持续增多。

国内患者平均透析龄稳步上升，但与国外仍存在较大差距。随着透析质量和疾病管理水平的不断提升，我国血液透析及腹膜透析患者的平均透析龄逐步增加(见图1-1、图1-2)。其中，血液透析患者的平均透析龄从2012年的34.7个月逐渐增加至2022年的53.8

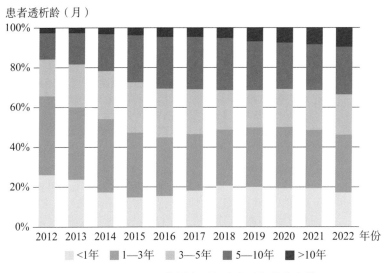

图1-1　2012—2022年国内透析患者透析龄分布情况

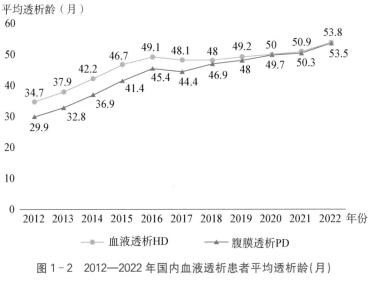

图1-2　2012—2022年国内血液透析患者平均透析龄(月)

数据来源：公开资料

个月,共增加 19.1 个月,且截至 2022 年底透析龄超过 5 年的患者数量比例达到 33.7%,超过 10 年的患者数量比例达到 9.8%;腹膜透析患者的平均透析龄则从 2012 年的 29.9 个月增加至 2022 年的 53.5 个月,共增加 23.6 个月。但总体而言,我国透析龄相比国外仍存在较大差距。以日本为例,根据《日本 2021 年度透析报告》,截至 2021 年底,日本血液透析患者平均透析龄达到了 88.8 个月,透析龄 5 年以上的患者比例达到了 52.5%,透析龄 20 年以上患者比例达到了 8.6%[2]。

第二节 血液净化设备分类与市场概况

一、血液净化设备分类

广义的血液净化设备是指血液净化治疗中所用到的各种设备,为了全面阐述其创新发展,本报告也将血液透析和腹膜透析所涉及的设备、耗材、具有诊疗辅助功能的软件系统等纳入了讨论范畴。

1. 血液透析治疗相关设备

(1)血液透析机。血液透析机是一个较为复杂的集电子、机械、自动化控制于一体的医疗设备,由外部血液循环通路(简称"血路")、透析液通路(简称"水路")以及电路控制与监测(简称"电路")构成。

(2)血液透析器/滤器。透析器是血液透析治疗过程中的重要组成部分,由透析膜和支撑结构组成,其中透析膜的结构和性能对水和毒素清除有非常大的影响。

(3)血液透析用水处理设备。血液透析用水处理设备是将市政自来水经过专用系统处理,为血液透析提供稳定可靠的高质量用水。包括电气系统、水净化系统(前处理、反渗透机)、存储与输送系统及消毒系统等。

(4)集中供液系统设备。主要分为集中供浓缩透析液系统设备和集中供透析液系统设备。

(5)血管通路相关设备及耗材。包括深静脉留置导管、人工血管、血管支架、球囊、血管通路检测设备等。

(6)其他耗材。包括透析浓缩液(或)粉、穿刺针、血液透析管路等。

2. 腹膜透析治疗相关设备

(1)腹膜透析机。腹膜透析机是将透析液灌入患者的腹腔,利用腹膜完成透析,随后再把液体引出腹腔的过程所使用的医疗器械,一般由主机、控制单元、加热器等部件组成。

(2)腹膜透析液。腹膜透析液是腹膜透析的重要组成部分,主要由渗透剂、缓冲液、电解质三部分构成。

(3)腹膜透析导管。腹膜透析导管由无毒惰性材料制成,需具备可弯曲、稳定性佳、表面光洁度高、不透 X 射线、生物相容性好等特点。

3. 信息化管理系统

信息化管理系统主要包括血液净化信息化管理系统、血液透析患者服务远程管理系统、腹膜透析患者服务远程管理系统、患者教育系统、辅助决策支持系统等。

二、市场规模与增速

1. 全球市场规模及增速

根据费森尤斯历年年报，全球接受血液透析的人数从 2013 年的 252 万人逐步增长至 2022 年的 390 万人，与此相关的，全球透析产业市场规模也稳步上升至 2022 年的 820 亿欧元，其中血液透析产品的市场规模在 150 亿欧元左右，透析服务（包括透析药物）市场规模在 670 亿欧元左右。未来三年，全球血液透析市场将以 6.8% 的复合增速加速扩张，到 2025 年，全球血液透析行业市场规模将接近 1 000 亿欧元。具体到血液透析产品，用于血液透析的透析器是全球透析产品市场中占比最大的产品类别，2022 年，全球透析器销售量大约为 3.9 亿支，透析机的销售量约为 90 000 台。从市场增速角度而言，过去五年，全球血液透析产品的复合增速为 3.6%，整体发展较为平稳（见图 1-3）。

图 1-3　全球血液透析市场规模

数据来源：费森尤斯历年年报

2. 国内市场规模及增速

根据蛋壳研究院测算，我国血液透析设备规模在 2022 年达到了 178 亿元人民币左右，相比 2021 年提升了 6 个百分点（见图 1-4）。具体而言，在设备端，重症监护病房（intensive care unit, ICU）扩容，为 CRRT 和透析机带来了新的发展机遇。根据国联证券研究所测算，国家卫健委颁布的《新型冠状病毒感染疫情防控操作指南》将为市场带来 10 440 台血透机，23 588 台 CRRT 的新增需求，设备端市场有望进一步扩大。耗材端，透析器和透析管路占据了绝大部分市场份额，随着疫情过去，市场将进一步复苏，耗材端市场规模也将伴随终端需求的增长而持续扩张。

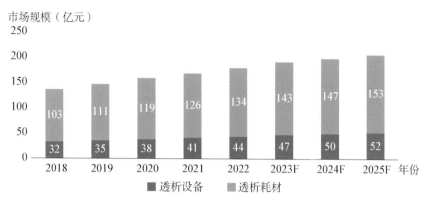

图1-4 中国血液透析设备及耗材市场规模

数据来源：蛋壳研究院测算

三、竞争态势与国产替代

表1-2展示了血液净化设备各细分领域的代表厂商。

表1-2 血液净化设备各细分领域代表厂商

细分领域	国外代表厂商	国内代表厂商
透析机	费森尤斯、贝朗、百特、尼普洛、JMS	威高股份、山外山、广州暨华、宝莱特
CRRT机	百特、费森尤斯、日机装、贝朗	山外山、健帆生物
水处理系统	贝朗、费森尤斯、百特、劳尔	威高股份、杭州天创、武汉启程、北京康德威、山东中洋
腹膜透析机	百特	迈达医疗、韦睿医疗、杰瑞科技、西安乐析、福州东泽
透析器	费森尤斯、尼普洛、百特、贝朗、旭化成	威高股份、广州贝恩、上海佩尼、成都欧赛、江苏关怀
灌流器	/	健帆生物、廊坊爱尔、淄博康贝、威高股份、广州康盛、重庆希尔康
透析管路	费森尤斯、百特、泰科	威高股份、三鑫医疗、天津博奥、天益医疗
透析干粉和/或透析液	百特、费森尤斯、贝朗	广州康盛、山东威高、三鑫医疗
腹膜透析液	百特、费森尤斯	威高股份、华仁药业、华润双鹤

数据来源：市场调研、《中国医疗器械蓝皮书(2021版)》、国家药品监督管理局

根据实际调研情况及文献研究，目前我国血液净化市场主流产品的国产替代情况不一，其中血液透析机、CRRT等设备国产化率较低，本土企业在设备生产工艺及设备运行的

稳定性上还存在部分技术瓶颈;在耗材领域,国产企业正逐步追赶外资企业的脚步,在技术壁垒较高的透析器领域已经获得接近50%的市场份额,而在更为成熟的透析管路、透析干粉和透析液等领域已经基本实现了国产替代;在灌流器领域,国产企业更是占据了全部的市场份额(见图1-5)。

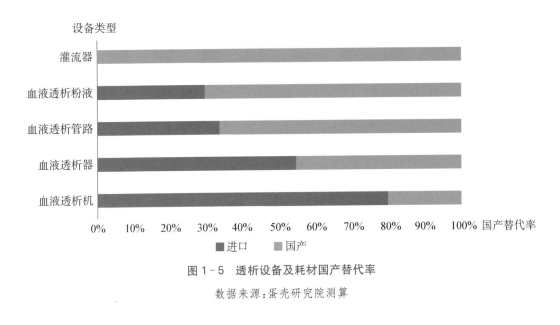

图1-5　透析设备及耗材国产替代率

数据来源:蛋壳研究院测算

第三节　血液净化设备产业链

血液净化设备产业链主要由上游原材料供应、零部件生产,中游血液净化设备生产和研发,下游血液净化治疗服务等环节组成,各环节之间相互协作,共同推动着整个血液净化设备产业的运转和发展。

一、血液净化设备产业链

血液净化设备产业链上游主要为设备配件原材料供应商,产业链中游主要为血液净化设备生产企业,下游主要为各大医疗机构(见图1-6)。总的来说,相比于耗材,国内血液净化设备产业链成熟度较低,尤其是在上游原材料及中游生产环节,国内企业占比较小。

上游:血液净化设备的零配件和原材料包括电磁阀、泵(齿轮泵、柱塞泵、蠕动泵)、管路、电路板、液晶屏等。目前最为核心的原材料如电磁阀、泵等主要采自进口,而电路板、液晶屏等材料国内供应较为充足。血液净化设备对于运行稳定性和可靠性要求较高,因此对于原材料的制作工艺要求也很高。目前上游原材料供应商主要包括德国赛威传动设备公司、瑞典斯凯孚集团、日本恩斯克集团(日本精工株式会社)、德国博世集团等。

图 1-6　血液净化设备产业链图谱

中游:血液净化设备生产企业主要分为本土企业和外资企业。目前,国内企业在血液净化设备上的生产能力还很有限,现仅有山外山、宝莱特、山东威高、广州暨华等企业具备独立研发及生产血液净化设备的能力。而在进口企业中,费森尤斯、美国百特、德国贝朗、日本尼普洛等已经占据了绝大部分市场份额。

下游:血液净化设备的下游为具有相关资质认证的综合医院及独立血透中心。具体来说,综合医院因规模更大、具备更优质的资源、接触的患者更为广泛,也更容易获得患者信赖,是目前设备类产品最核心的销售终端。根据 CNRDS 公布的数据,截至 2022 年底,我国共有 7 298 家血液透析中心和 1 330 家腹膜透析中心,自 2012 年以来年复合增速分别在 7.5% 和 7.0% 左右。特别是 2016 年以来,随着国家政策的支持,血液透析中心的数量出现了高速增长,2015～2019 年五年复合增长率高达 11.7%。2020 年后,各地医政医管部门对新透析中心执业准入的审批趋严,叠加疫情的影响,全国透析服务机构的扩张有所放缓。此外,截至 2021 年底,我国共有 1 353 家社会办透析服务机构,约占全国透析服务机构总量的 1/5,在一定程度上弥补了我国公立医院透析服务资源的不足[3]。

二、血液净化耗材产业链

国内血液净化耗材产业链发展相对成熟,行业上游主要为血液净化耗材原料生产商及设备供应商,中游主要为血液净化耗材生产企业,下游主体则为各大医疗机构(见图 1-7)。

上游:血液净化耗材原材料主要包括各类医用高分子材料及化工原料。医用高分子材料主要用于生产透析器、透析管路等,其中透析膜主要由聚砜、聚醚砜、聚甲基丙烯酸甲酯、

图 1‑7　血液净化耗材产业链图谱

聚乳酸等合成高分子材料制作而成,尤其是高端聚砜材料,目前主要依赖进口,供应商包括苏威、巴斯夫、住友、加尔迈化学、谢符钦克等企业,而其中苏威和巴斯夫两大品牌就占据了中国超过80%的市场份额。透析管路的原材料则主要包括聚氯乙烯、聚丙烯、聚乙烯、硅橡胶、聚碳酸酯等,其生物相容性、安全性及灭菌工艺是主要考量要素,国内供应充足。血管通路根据产品性质不同,原材料主要包含金属材料(钴铬合金、镍钛合金、可降解金属等)、高分子材料(医用聚碳酸酯、医用聚四氟乙烯、医用聚烯烃等)、药物涂层及生物组织材料。化工原料则主要用于生产透析液,包括氯化钠、氯化钾、氯化钙、氯化镁、冰醋酸及碳酸氢钠等,主要供应商包括艾泰思、宜鑫化工等。除原材料外,上游领域还包含了生产设备,如中空纤维纺丝机,以及用于组装检测的生产设备,目前国内拥有自主研发生产设备的厂商仅有江苏关怀、山东威高和成都欧赛,海外厂商的生产设备则更为成熟,包括费森尤斯、日本尼普洛、德国贝朗在内的企业均具备相关能力。

中游:血液净化耗材生产企业分为本土企业和外资企业。目前本土企业在中低端耗材的销售上占比更高,如血液净化管路、透析干粉和/或透析液等,而在高端耗材如透析器的销售上,外资企业则占比更高。现阶段,血液净化耗材的销售模式主要分为直销和经销两种,且以经销为主,直销为辅。随着集中采购政策的进一步深入,未来直销比例将逐渐增加。目前,在血液净化耗材领域,本土企业主要包括山东威高、广州贝恩、成都欧赛、三鑫医疗等,进口企业主要包括费森尤斯、美国百特、德国贝朗、日本尼普洛等。

下游:血液净化耗材的下游与血液净化设备一致。

第四节　血液净化领域投融资

通过动脉橙数据库、公开信息检索等方式,对 2010 年至今发生的血液净化领域(包括相关设备、耗材与服务)相关投融资(不包括 IPO 后融资及并购)事件进行了搜集与统计,共采集到 128 个投融资事件,涉及金额接近 19 亿美元,涉及公司 49 家。

一、融资热度趋势

十余年来,全球血液净化领域融资热度整体呈上升趋势。全球融资热度大致可分为两个阶段。第一阶段:2010—2014 年,全球血液净化领域各年融资次数均在 10 次以下,平均融资次数仅 5.4 次;第二阶段:2015 年至今,多数年份全球血液净化领域发生融资超过 10 次,平均融资约 11.3 次。其中,2016 年是该领域融资热度最高涨的一年,全年发生融资 19 笔;2021 年,该领域融资热潮再现,当年共发生融资 17 笔(见图 1-8)。

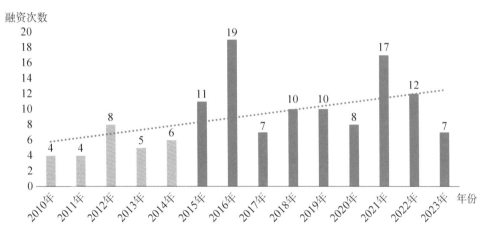

图 1-8　2010 年至今全球血液净化领域各年融资情况

数据来源:动脉橙数据库、公开信息

二、行业成熟度

全球中小型企业众多,国内行业成熟度快速提升。

从融资轮次分布看,天使轮融资占比 24%,A 轮融资占比 23%,B 轮融资占比 13%,可见全球血液净化领域仍存在大量中小型创新企业(见图 1-9)。

从企业上市情况看,十余年来全球血液净化领域共有 10 家企业成功首次公开募股(包括新三板上市),包括 3 家国外企业、7 家国内企业,其中国内企业有 4 家公司通过新三板上市,显示出国内血液净化行业成熟度正在快速提升,但是上市企业的体量和技术创新性仍

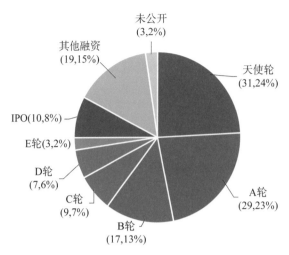

图 1-9   2010 年至今全球血液净化领域融资轮次分布

数据来源:动脉橙数据库、公开信息

有待提高。

三、国内融资特征

国内融资数量可观,传统透析设备耗材热度最高。

十余年来,国内血液净化领域共完成 61 笔融资,占据全球融资数量的 48%。排名第二的是美国,共发生 46 笔融资事件,占比约 36%,可见我国血液净化领域融资热度高涨。但从细分领域看,国内外资金投向略有不同——国内融资热度最高的三大领域分别是传统透析设备耗材、支架/球囊、人工血管。可见,国内血液净化领域呈现传统血液透析设备耗材的迅速起步、血管介入和通路类创新热度高涨的态势(见图 1-10)。

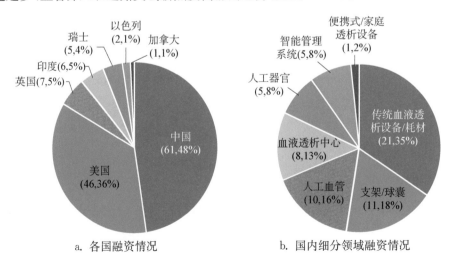

a. 各国融资情况   b. 国内细分领域融资情况

图 1-10   融资分布

数据来源:动脉橙数据库、公开信息

四、细分领域热度

按领域看,血管通路相关领域创新融资热度最高。人工血管、支架/球囊、血管通路监测系统(如血管通路炎症、狭窄、渗漏的检测与监测系统等)、血管通路其他耗材(如穿刺针、动静脉分流器等)、血管吻合器、超声导航系统等血管通路领域资本热度最高,完成融资共64笔,融资次数占据了2010年至今血液净化领域融资的半壁江山(见图1-11)。

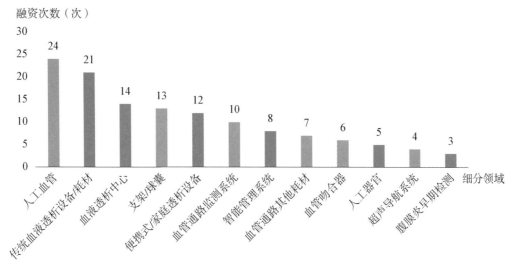

图1-11　2010—2023年细分领域融资分布(按次数)

数据来源:动脉橙数据库、公开信息

其中,人工血管细分领域融资热度最高,共发生24笔融资。

血管通路领域投融资案例

作为一个定位于前沿科技成果转化的平台型企业,领博生物科技(杭州)有限公司(以下简称"领博生物")以"技术平台共享"和"产品互补"为原则,目前已经搭建了脱细胞基质、3D打印、水凝胶三大技术平台,在此平台下孵化的多款产品也将在近期进入注册临床试验阶段。早在2020年,领博生物就获得了千万级天使轮融资,2021年,又获得由博行资本投资的数千万Pre-A轮融资,2023年11月,领博生物再次完成近亿元的A轮融资,本轮融资由磐霖资本领投,泰珑投资、华大共赢跟投,同时老股东泰煜投资、博行资本在本轮也继续追加投资。

传统血液透析设备/耗材(包括透析机、透析器、水处理系统、灌流器、透析膜材等)研发生产领域,由于参与者众多,完成融资21笔。

传统血液透析设备/耗材投融资案例

成立于 2019 年的江苏关怀医疗专注打造膜的全场景解决方案,其膜产品覆盖基因治疗、疫苗生产、抗体药等生物制药领域,以及血液净化(成熟)市场和 ECMO(新兴)市场,同时覆盖水处理市场和食品医疗的过滤耗材市场。2021 年,关怀医疗完成数千万元 A 轮融资,由阳光融汇资本独家领投;2022 年,完成由博远资本、夏尔巴投资联合领投,基石资本、吴中生物医药产业基金跟投的数亿元 B 轮融资;2023 年 6 月,关怀医疗再次完成数亿元 C 轮融资,本轮投资领投方为国寿股权投资,跟投方为中金资本旗下中金启德基金,本轮融资后,关怀医疗将加速提升生物制药、血液净化等业务板块的基于不同膜/滤器平台的研发能力,持续扩大多种类膜及相关滤器的产能。

血液透析中心是资本热度最高的第三大细分领域热度,完成 14 笔融资。

便携式/家庭透析设备等颠覆式创新在过去十余年里获得融资 12 笔,涉及 NextKidney、Quanta、心光生物、AWAK 等 4 家创新企业,可见该领域的创新热度和资本信心都有待提升。

便携式/家庭透析设备领域投融资案例

AWAK 在 2011 年、2016 年和 2019 年成功完成了多轮融资,其独特的"基于吸附剂的再生技术"能够重新利用和制备透析液;2018 年,百特对主打家庭透析设备的 Outset Medical 进行了投资。2020 年,专注于便携式透析系统的研发的 NextKidney SA 完成了 A 轮融资。到了 2021 年,Quanta 又获得了 2.45 亿美元的 D 轮融资,共有 14 家投资机构参与。2022 年,Next Kidney 进一步扩展,收购了专注于透析期间基于吸附剂的透析液再生技术的 Dialyss。

第五节　血液净化领域并购

通过动脉橙数据库、公开信息检索等方式,对 2010 年至今发生的血液净化领域中的重大并购事件进行了搜集与统计,共采集到 71 起并购事件,涉及金额超过 300 亿美元。

一、全球并购热度

十余年来,全球血液净化领域并购热度整体呈先上升再下降趋势(见图 1-12)。并购热度大致可分为三个阶段:

并购次数（次）

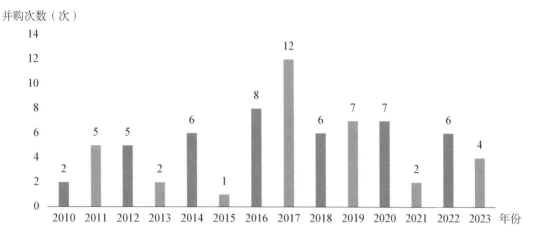

图 1-12　2010—2023 年全球血液净化领域并购次数

数据来源：动脉橙数据库、公开信息

第一阶段：2010—2015 年，平均每年发生 3.8 宗并购事件。这一时期的并购主要来源于血管通路相关产业，以及头部血液透析企业如费森尤斯、美国百特、日本日机装在欧洲、美国等地对传统血液透析企业的并购。

第二阶段：2016—2018 年，平均每年发生 8.7 宗并购事件。这一时期的并购主要来源于费森尤斯、宝莱特、健帆生物等企业在中国进行的传统血液透析产业的并购扩张。

第三阶段：2019 年至今，平均每年发生 5 宗并购事件。这一时期的并购次数虽然较前一阶段有所下降，但是并购事件的类型发生了转变，由传统血液透析上下游为主导的并购转为创新技术产品为主导的并购。

二、国内并购特征

中国血液净化行业处于成长期，并购热度趋势和细分领域热度与全球情况有所不同。

从并购热度趋势看，国内并购热度在 2017 年达到最高峰。中国血液净化行业的重大并购交易从 2016 年开始提速，2016—2018 年的并购事件数量占十余年的 80% 左右，2019 年后行业并购热度整体下滑（见图 1-13）。

从领域特征看，国内的主要并购路径是整合上下游企业实现全产业链的打造。近年来，国内头部企业开始关注创新领域，血液透析创新产品的并购发生 2 宗：健帆生物与多家投资机构成立爱多多健康，为慢性肾病人群提供肾病管理与医疗保险服务，是肾病支付方式的全新尝试；山东威高收购美国爱琅发展血管通路产品线，包括创新血管通路建立方法、透析相关并发症等方向（见图 1-14）。

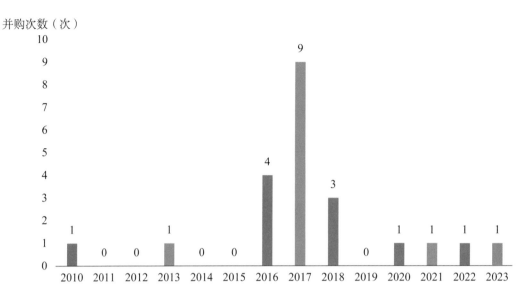

图 1－13　2010—2023 年中国血液净化行业各年并购次数

数据来源：动脉橙数据库、公开信息

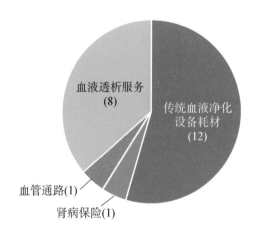

图 1－14　2010—2023 年中国血液净化细分行业并购次数及比例

数据来源：动脉橙数据库、公开信息

三、细分领域热度

从细分领域看，透析设备和耗材、血液透析中心和医院并购活跃度最高，各发生了 18 宗并购事件，血管通路领域并购热度紧跟其后，共计发生 16 宗并购事件，智能信息化系统有 7 宗并购事件，颠覆式创新领域如便携式或家庭透析设备共发生 3 宗并购事件，体外器官支持近年来也出现了 1 宗并购事件（见图 1－15）。

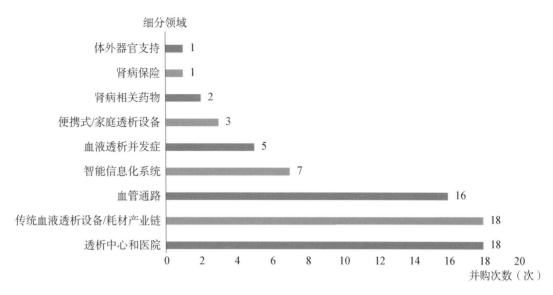

图 1-15　2010—2023 年血液净化细分领域并购情况

数据来源：动脉橙数据库、公开信息

其中，大型企业对透析设备/耗材制造厂商的并购主要是为了扩张产能，对血液透析中心和医院的并购可以延展企业业务链条，实现产业链纵向发展。

大型企业并购案例

2016—2020 年，宝莱特、健帆生物和三鑫医疗等头部企业开始并购上下游产业链中的其他企业。以宝莱特为例，2016—2020 年收购了五家企业，包括透析粉和（或）透析液、中央供水系统、水处理设备制造商，以及下游的医疗机构，旨在强化其长期的"产业＋服务"策略。健帆生物与多家投资机构成立爱多多健康管理有限公司，公司为慢性肾脏病人群提供医疗保险服务，推动了肾脏支付端的变化，承保人群是慢性肾脏病轻症阶段的患者。爱多多健康管理提供与肾脏病相对应的健康管理服务，帮助肾病患者控制病情、降低并发症的发生。

血管通路是近几年头部企业最关注的创新领域，涉及血管通路服务门诊、人工血管、支架/球囊、血管通路创新技术及生物相容性材料等细分方向。血管通路的某些耗材不仅在肾病透析中应用，也可以用于治疗肾衰竭患者的并发症如心血管并发症。费森尤斯、美国百特、德国贝朗、山东威高均有并购血管通路相关企业，主要关注的方向有血管通路的并发症、通路建立方法、材料的生物相容性等。

血管通路并购案例

2018 年,血液透析领域企业费森尤斯以 1.5 亿美元收购了 Humacyte 的部分股份,作为战略合作的一部分。2021 年,费森尤斯延长合作期限,向 Humacyte 追加 2 500 万美元的投资。Humacyte 使用心脏移植供体的平滑肌细胞制造细胞外基质支架,作为更有效的人工血管移植物。2022 年 9 月 27 日,贝朗医疗宣布从 Starboard Medical 收购其 Clik FIX® 导管固定产品组合。Clik FIX® 的加入补充了贝朗的产品组合,将有助于改善外周静脉的治疗效果。

智能信息化系统能够为医生提供关键性的实时数据,增强对病患的持续关注,预防病情恶化,是对传统血液透析监测方式的升级。目前费森尤斯、美国百特、德国贝朗、日本尼普洛等企业在智能信息化系统均有布局,主要关注的方向有远程监测、液体动态监测、肾衰竭风险识别等。

智能信息化系统并购案例

2019 年,美国百特宣布以 2.3 亿美元收购生物技术公司 Cheetah Medical (Cheetah),Cheetah 致力于开发重症患者监管设备,以改善临床疗效,并降低医疗成本。Cheetah 还与临床医生展开密切合作,以推进先进医疗设备的研发。本次收购完成后,百特将继续开发 Cheetah 的患者监测设备,为医疗中心提供成熟的患者监测技术,以改善临床疗效。同年,费森尤斯投资了一家开发远程、连续健康监测数据平台的公司 BioIntelliSense,以改善肾脏疾病患者的监测、治疗和结果。BioIntelliSense 平台通过医疗级传感器提供预测分析、临床洞察和实时数据。

居家透析和便携式透析是比医院透析更理想的方式,可以大幅提升患者的透析体验和生活质量,是血液净化行业中颠覆式的创新。头部企业如费森尤斯、NextKidney 等通过并购家庭透析设备研发企业,为患者提供变革式的家庭透析产品。

居家透析和便携式透析并购案例

2017 年,费森尤斯宣布以约 20 亿美元现金收购美国家庭透析设备厂商 NxStage,纵向加强其血透业务。NxStage 创立于 1998 年,总部位于美国波士顿,公司核心产品为便携式血液透析系统 System One。2016 年,NxStage 的营收为 3.66 亿美元。

参考文献

［1］Wang L, Xu X, Zhang M, Hu C, et al. Prevalence of Chronic Kidney Disease in China: Results From the Sixth China Chronic Disease and Risk Factor Surveillance ［J］. JAMA Intern Med. 2023, 183(4):298 - 310.

［2］花房规男,阿部雅紀,常喜信彦,等. わが国の慢性透析療法の現況(2021 年 12 月 31 日現在)［J］.透析会誌,2022,55(12):665 - 723.

［3］梅长林,娄竞,王九生.中国社会办透析服务行业发展报告［M］.北京:人民卫生出版社,2023.

第二章

血液净化设备临床痛点与需求

　　本章围绕血液净化治疗相关医务人员和患者的痛点与需求,对通过线下访谈、线上问卷、文献梳理等方式获得的相关信息进行了深入剖析,从医务人员和患者(包括血液透析患者和腹膜透析患者)两端提炼当下未被满足的临床痛点与需求,以期为行业相关人员把握血液净化领域创新技术方向和商业推广策略提供参考。

第一节　临床痛点与需求调研分析

　　在血液净化设备发展的历史过程中,无论是"人工肾"的出现,还是透析膜的工艺演变,无论是血液净化设备,还是透析服务之于资本的青睐,都离不开临床需求的牵引。换言之,血液净化领域的临床需求推动着整个血液净化设备的创新和发展。项目组于 2023 年 4—6 月,通过线上问卷和线下访谈完成了初次调研,2023 年 7—8 月,进行了补充调研,2023 年 11 月再次进行了补充调研,对血液净化领域医务人员、患者的实际临床需求进行定性、定量研究。

一、医患痛点与需求调研设计

(一) 医务人员痛点与需求调研方法

1. 调研方法

　　对医务人员痛点与需求调研采取线下访谈与线上问卷调研相结合的形式。项目组通过线下访谈的方式,对医务工作者的问题进行初步采集,并根据访谈结果进行问卷设计,以扩大调研范围,获取统计数据支持。

　　其中,线下访谈通过走访多家头部医院以及独立透析中心,采用半结构化访谈方式对纳入标准的血液净化领域医务人员与临床专家展开调研。线上调研通过中国非公立医疗机构协会肾脏病透析专业委员会成员单位发放问卷,对血液净化领域医务人员展开调研。全部资料根据自愿原则进行匿名填写,并承诺资料保密。

2. 调研范围

　　医务人员痛点与需求调研在全国各地展开。线下访谈覆盖北京市、上海市、重庆市、广州市等一、二线城市头部医院及独立透析中心的临床医生、护士、医技专家。线上问卷调研覆盖各级医疗机构(公立二、三级医院,非公立二、三级医院,独立透析中心)相关医生、护士、医技专家等医务人员。

3. 调研内容设计

　　线下访谈内容主要包括:①工作环境,包括医疗机构设备配置、医护人员配置等;②临床现状,包括患者数量、年龄结构、工作情况、治疗方式等;③临床痛点,包括并发症发生情况、急重症诊疗、设备操作难度、工作精力分配等。

　　线上调研内容主要包括:①一般资料调查,包括医务人员所在医疗机构的性质、所任岗位等;②血液净化设备配置调查,包括机构配备设施、设备功能等;③工作情况调查,包括在上机前准备、血管穿刺、血液透析等关键环节中医护人员相关工作任务执行情况和面临的问题；④其他信息采集，包括患者透析情况以及并发症发生情况等。

（二）患者痛点与需求调研方法

1. 调研方法

对患者痛点与需求的调研亦采取线下访谈与线上问卷调研相结合的形式。项目组通过线下访谈的方式，对患者的问题进行初步采集，并根据访谈结果进行问卷设计，以扩大调研范围，获取统计数据支持。

其中，线下访谈通过走访多家头部医院以及独立透析中心，采用半结构化访谈方式对纳入标准的血液净化治疗患者展开调研。线上调研通过中国非公立医疗机构协会肾脏病透析专业委员会成员单位发放问卷，对进行血液净化治疗的患者展开调研。全部资料根据自愿原则进行匿名填写，并承诺资料保密。

2. 调研范围

患者痛点与需求调研在全国各地展开。线下访谈覆盖公立医院及独立透析中心患者；线上问卷调研采取随机抽样原则，覆盖各级医疗机构（公立二、三级医院，非公立二、三级医院，独立透析中心）进行血液透析和（或）腹膜透析治疗的患者。

3. 调研内容设计

线下访谈内容主要包括：①基础情况，包括患者年龄、透析龄、疾病类型、用药等；②临床痛点，包括治疗费用、操作难度、不良反应、透析效果等；③其他情况，包括生活饮食习惯、情绪状态等。

线上调研内容主要包括：①一般资料调查，包括患者的年龄、透析龄、家庭收入等；②临床痛点调查，包括并发症、不良反应等；③其他信息采集，包括血管通路类型、患者对居家透析的看法等。

二、医患需求调研结果

（一）医务人员痛点与需求调研结果

1. 调研概况

项目组依据半结构式访谈大纲共访谈了 16 位医务工作人员，通过录音的方式进行资料采集，后期进行文字整理，归纳了血液净化领域相关医务人员的工作环境、现存的痛点以及对于透析设备的需求。

线上调研共回收问卷 613 份，项目组对回收的问卷进行筛选，剔除空白较多、未完成等无效问卷，最终得到 613 份有效问卷，涉及 613 名医务人员，有效回收率 100％。

2. 调研结果

（1）医务人员一般资料

线下调研访谈了 7 名医生（占比 43.7％）、6 名护士（占比 37.5％）、3 名医技专家（占比 18.8％）。其中，9 名医务人员来自公立医院，7 名医务人员来自独立透析中心。

参与本次线上调研的医务人员包含 87 名医生(占比 14.2%),526 名护士(占比 85.8%)(如图 2-1a)。其中,来自公立三级医院的医务人员 199 名(占比 32.5%),公立三级以下医院的医务人员 262 名(占比 42.7%),非公立三级医院的医务人员 13 名(占比 2.1%),非公立三级以下医院的医务人员 78 名(占比 12.7%),独立透析中心的医务人员 61 名(占比 10.0%)(如图 2-1b)。

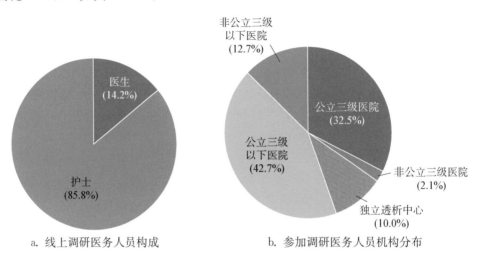

a. 线上调研医务人员构成   b. 参加调研医务人员机构分布

图 2-1   医务人员线上调研一般资料统计

数据来源:线上问卷调研

(2)医务人员痛点与需求

本次线上线下调研结果显示,血液透析领域医务人员的临床问题主要集中在工作量、操作难度和安全保障、患者随访与健康教育、患者血管通路管理、患者慢性并发症问题等方面,腹膜透析领域医务人员的临床问题主要集中在患者腹膜透析效果与患者管理方面。

其中,线上问卷的调研数据显示,工作量方面,50.2%的医务人员认为每天搬运透析粉液非常繁琐;安全保障方面,54.0%的医务人员认为在为患者穿刺时被针刺伤的风险较大;操作难度方面,35.4%的医务人员认为在为通路欠佳的患者进行穿刺时有很大挑战,62.4%的医务人员认为有一定挑战。

(二)患者痛点与需求调研结果

1. 调研概况

项目组依据半结构式访谈大纲共访谈了 6 名患者,通过录音的方式进行资料采集,后期进行文字整理,归纳了血液净化治疗患者的基本情况、现存的痛点以及对于透析产品的需求。

线上调研共回收问卷 1369 份,项目组对回收的问卷进行筛选,剔除空白较多、未完成等无效问卷,最终得到 1369 份有效问卷,涉及 1369 名透析患者,有效回收率 100%。

2. 调研结果

(1)患者一般资料

线下调研共有 6 名患者接受访谈。线上调研共有 1369 名患者参与,其中血液透析患者占比79.8%(1093名),腹膜透析患者占比20.2%(276名)(见图2-2)。

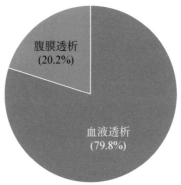

图2-2 线上调研患者组成

数据来源:线上问卷调研

根据线上问卷的调研数据,血液透析患者和腹膜透析患者年龄分布见表2-1,血液透析患者和腹膜透析患者透析龄分布见表2-2。

表2-1 血液透析患者和腹膜透析患者年龄分布

年龄	血液透析患者数量	比例	腹膜透析患者	比例
40 岁及以下	245	22.4%	60	21.7%
40—60 岁(含 60 岁)	579	53.0%	152	55.1%
60 岁以上	269	24.6%	64	23.2%
合计	1 093	100.0%	276	100.0%

表2-2 血液透析患者和腹膜透析患者透析龄分布

透析龄	血液透析患者数量	比例	腹膜透析患者	比例
3 年以下	409	37.4%	162	58.7%
3—5 年	212	19.4%	50	18.1%
5—10 年	286	26.2%	49	17.8%
10 年以上	186	17.0%	15	5.4%
合计	1 093	100.0%	276	100.0%

数据来源:线上问卷调研

(2)患者痛点与需求

本次线上线下调研结果显示,患者面临的问题基于不同的透析方式各有不同。

血液透析患者面临的问题主要集中在血液透析质量、经济压力、专业知识获取、生活质量等方面。其中,线上调研数据显示,在并发症方面,34.4%的血液透析患者存在心血管疾病，如高血压、心力衰竭等，18.6％的患者存在贫血，14.6％的患者存在钙、磷代谢紊乱，13.0％的患者面临瘙痒问题（见图 2 - 3a）。在不良反应方面，35.9％的血液透析患者出现低血压，24.3％的患者出现肌肉痛性痉挛，12.8％的患者曾出现过低血糖问题（见图 2 - 3b）。在血液透析通路方面，41.1％的患者单支自体动静脉内瘘的使用时间在 3 年以内，23.2％的患者单支自体动静脉内瘘的最长使用时间在 3～5 年，25.1％的患者单支自体动静脉内瘘的最长使用时间在 5～10 年，仅 10.7％的患者单支自体动静脉内瘘的最长使用时间在 10 年以上（见图 2 - 3c）。在影响生活质量方面，48.3％的患者从家里到医院/机构的单程车程时长在 0.5 小时以内，32.2％的患者从家里到医院/机构的单程车程时长在 0.5～1 小时，19.5％的患者从家里到医院/机构的单程车程时长在 1 小时以上（见图 2 - 3d）。

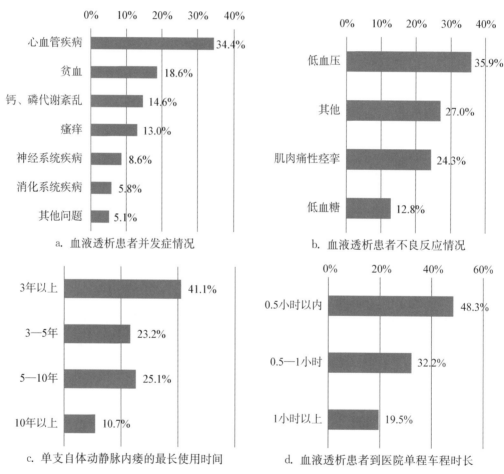

图 2 - 3　血液透析患者痛点

（注：心血管疾病包括高血压、心力衰竭等，神经系统疾病包括全身乏力、记忆力减退、头痛头晕等，消化系统疾病包括消化不良、食欲不振、便秘腹泻等，其他问题包括呼吸系统疾病等。）

数据来源：线上问卷调研

腹膜透析患者面临的问题主要集中在操作便捷性、透析效果、透析并发症、透析费用、专业指导和干预获取、生活质量等方面。其中,线上调研数据显示,腹膜透析超滤量无法在理想范围内、腹透置管影响美观和生活、自主操作便捷性不够、定期搬运腹膜透析液比较麻烦、自我管理缺乏医护照护是腹膜透析患者面临的前五大困扰,具体情况见表2-3。在不良反应问题方面,46.7%的患者出现皮肤瘙痒与骨质疏松,37.7%的患者出现高血压或血压过低,37.7%的患者出现水肿,31.4%的患者出现恶心、呕吐、不宁腿综合征等不良反应,26.1%的患者出现失眠、抑郁等精神障碍问题,7.3%的患者出现糖、脂代谢异常,仅16.3%的患者腹膜透析后无任何不良反应(图2-4a)。在费用方面,费用高昂是阻碍腹膜透析患者在治疗中放弃选择自动腹膜透析设备的关键原因,本次调研发现仅有14.5%的患者使用自动腹膜透析,主要原因是54.2%的患者认为自动腹膜透析机价格高,另外34.3%的患者认为每日治疗用管路费用高(图2-4b)。在腹膜炎方面,过去一年发生腹膜炎的腹膜透析患者达17.7%,其中发生3次以上腹膜炎的患者约1.8%(图2-4c)。

表2-3　腹膜透析患者面临的主要困扰

选　项	患者数量
腹膜透析超滤量无法在理想范围内	85
腹透置管影响美观和生活	82
自主操作过于繁琐	76
定期搬运腹膜透析液比较麻烦	71
仅能依靠自我管理,缺乏医护照护	51
缺乏获取专业知识的途径	46
患者频繁发生腹膜炎	27
患者不具备准备洁净空间的条件	26
以上都无	97
其他原因,请填写	13

(注:本问题为多选题,每位患者被要求选择对自己造成困扰最大的前三大问题,上表中"患者数量"表示选择了对应问题的患者数量)

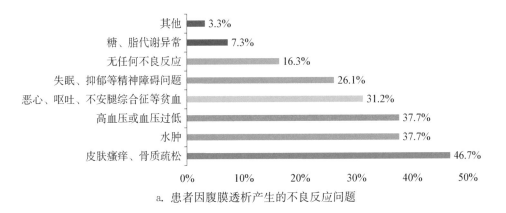

a. 患者因腹膜透析产生的不良反应问题

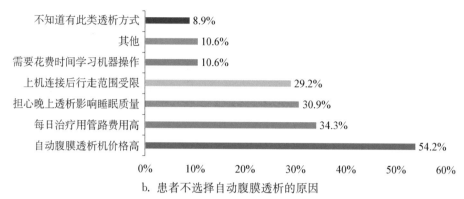

b. 患者不选择自动腹膜透析的原因

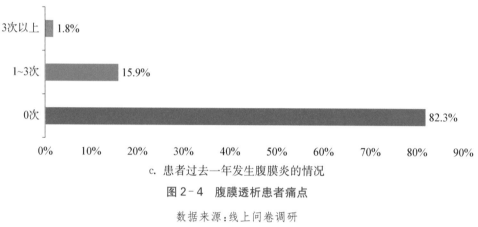

c. 患者过去一年发生腹膜炎的情况

图2-4 腹膜透析患者痛点

数据来源:线上问卷调研

三、医患痛点与需求调研结果分析

(一)医务人员痛点与需求调研结果分析

1. 血液透析医务人员痛点与需求分析

医务人员实施血液透析治疗时的重点环节包括:

治疗前:①水处理总氯、硬度等相关指标检测并保证其达标;②物品准备,如透析浓缩液、透析器、管路等;③透析机消毒自检;④透析器及管路安装;⑤密闭式管路预冲;⑥患者干体重及超滤量评估;⑦患者血管通路检查评估及穿刺技术;⑧无菌操作。

治疗中:①患者观察,如生命体征监测、机器压力监测及治疗参数、穿刺针及管路固定是否正常等;②患者院内健康宣教;③透析中急性并发症防治;④回血下机。

治疗后:①透析机消毒;②患者随访;③透析充分性评估;④血管通路定期评估;⑤慢性并发症防治;⑥治疗数据整理分析;⑦制定和调整治疗处方。

本次调研结果显示,血液透析日常工作繁重且多为重复性工作、患者随访和健康教育困难、血管通路管理欠佳、慢性并发症问题严峻等是当下临床医务人员面临的最突出问题。

(1)血液透析日常工作繁重且多为重复性工作

血液透析日常重复性工作主要包括搬运透析液/粉、安装透析器与管路并预冲、定时监测治疗中患者的生命体征与治疗相关情况(如血管通路状态等),以及回血下机结束治疗。临床实际工作中,部分透析中心由于人员紧张,缺少集中供液系统以及可一键预冲、回血并在线监测患者体征状态的智能化血透设备等,使医护人员面临繁重的重复性工作。

(2)患者随访与健康教育困难

血液透析患者的治疗可分为院内与院外两部分,患者的治疗效果和长期预后很大程度上取决于患者院外自我管理的质量,包括严格限制液体和饮食中的钾、磷、钠等物质的摄入,遵医嘱正确服用各种药物等。患者自我管理习惯的建立与养成离不开医护人员的密切随访与健康教育。然而,在患者到院进行透析治疗期间,医护人员由于繁重的工作以及透析治疗的形式等很难对患者进行面对面的教育。在非治疗的透析间期,部分患者由于交通、生活等不便,也无法多次往返透析中心接受随访与健康教育。因此,大量医务人员面临患者随访与健康教育困难的问题。

(3)患者血管通路管理欠佳

血管通路是血液透析患者的"生命线"。由于透析患者原发病原因导致的自身血管条件通常较差、手术穿刺损伤、反复血管腔内成形术刺激、不良生活习惯等影响以及缺乏及时有效的血管通路监测,我国患者内瘘管腔狭窄问题严峻。一方面,血液透析患者单支自体动静脉内瘘最长使用时间较短;另一方面,内瘘再通术后的再狭窄率高。一项研究显示,自体动静脉内瘘患者内瘘血管急性血栓形成的腔内介入手术后 3 个月、6 个月、12 个月的初级通畅率分别为 87.4%、76.7%、63.9%,次级通畅率分别为 93.7%、91.6%、83.0%[1]。患者血管通路管理不佳一方面增加了医护人员进行血管穿刺的难度,另一方面影响了患者的最终治疗效果,是医务人员面临的一大难题。

(4)慢性并发症问题严峻

血液透析并发症是直接影响患者生存质量的关键问题。美国肾脏数据系统(Unites States Renal Data System, USRDS)2023 年报告显示,患者的主要已知死亡原因为心脑血管疾病(38.1%)、COVID-19 感染(7.2%)。其他影响患者生存质量的并发症包括贫血、高血压、骨矿物质代谢紊乱、抑郁焦虑、瘙痒等。中国透析结果与实践模式研究第五阶段(dialysis outcomes and practice patterns study, DOPPS5)的数据显示,13.4%的患者白蛋白低于 3.5 g/dl,18.8%的患者血红蛋白低于 9 g/dl,尚有 33.5%的患者血清钙不在目标范围内(8.4~10.2 mg/dl),58.5%的患者血清磷酸盐不在目标范围内(3.5~5.5 mg/dl),仅51.2%的患者甲状旁腺激素(parathyroid hormone, PTH)保持在 150~600 pg/dl[2]。41.1%的患者存在不同程度的抑郁,轻度抑郁占比 30.7%,中度抑郁占比 7.4%,重度抑郁占比 3.0%;35.6%的病人存在不同程度的焦虑,轻度焦虑占比 26.7%,中度焦虑占比6.4%,重度焦虑占比 2.5%[3]。约 27.6%患者存在持续不易缓解的皮肤瘙痒,中度瘙痒发生率约 14.9%,重度瘙痒约 2.5%,极重度瘙痒约 0.7%[4]。患者严峻的并发症问题使医务人员需要处理的患者病情更加复杂,对医务人员的专业能力提出了更高的挑战,同时增加了医务人员的工作量和心理压力。

2. 腹膜透析医务人员痛点与需求分析

医务人员实施腹膜透析治疗时的重点环节包括：①患者评估；②患者宣教；③腹膜透析导管置入及护理；④处方制定和调整（治疗模式、透析液选择、剂量设定等）；⑤患者操作培训与宣教；⑥患者随访追踪；⑦透析充分性和残余肾功能评估；⑧并发症防治；⑨无菌操作。

根据本次调研结果，医务人员普遍认为存在以下问题：①超滤量难以精准控制；②腹膜透析液仍有待发展；③患者远程控制和随访难以追踪。

（1）腹膜透析超滤量难以精准控制

腹膜透析患者的超滤量依赖于患者自身腹膜性质，不同浓度或成分腹透液的选择，留腹时间，是否合并腹膜感染或后腹膜渗漏、漂管等并发症等诸多因素。因此，其超滤量不像血液透析患者，可在一定范围内精准控制调整。在患者状态稳定时，超滤量尚且在可控区间，并能通过残余尿量进行调节，但距离实现个体化精准治疗尚有差距。患者一旦发生感染、心力衰竭或后腹膜渗漏、漂管等并发症，便无法达成理想的超滤量，而不得不额外实施中心静脉临时置管进行过渡性血液透析。为使患者腹膜透析超滤量保持理想水平，医生需定期监测患者超滤量，根据个体情况调整透析方案，同时也需加强对患者的教育和指导，必要时积极对患者实施其他辅助治疗。

（2）腹膜透析液仍有待发展

传统的腹透液以葡萄糖为渗透剂，存在因腹透液渗透压快速下降而超滤量降低、高浓度葡萄糖及其糖基化终末期产物导致腹膜间皮细胞形态学损伤、腹膜纤维化、超滤衰竭等缺陷。基于以上问题，以其他物质为渗透剂或缓冲剂的新型腹透液相继问世，如氨基酸腹膜透析液、艾考糊精腹膜透析液与碳酸氢盐腹膜透析液。新型腹透液在一定程度上弥补了葡萄糖腹透液的缺陷，但也并非完美。如麦考糊精腹透液价格昂贵，可能会导致血糖假性升高，不适合麦芽糖或异麦芽糖不耐受者或糖原贮积病患者等。氨基酸腹透液因存在导致代谢性酸中毒的风险，不能长时间留腹，且如存在酸中毒未纠正、严重肝衰竭、高血氨症等情况时应该慎用。碳酸氢盐腹透液价格较高，可能导致腹胀、腹痛等不适，干扰试纸法检测血糖结果。总体而言，腹膜透析液仍有待持续优化。该问题不仅限制了医务人员提高患者腹膜透析质量的空间，同时增加了医务人员处理患者因使用各种腹膜透析液而导致的相关不良反应的工作压力。

（3）患者远程管理和随访难以追踪

腹膜透析远程患者管理系统可实现医护人员对患者家庭腹膜透析情况的持续追踪和疾病管理。目前，该系统一般仅支持自动腹膜透析机的数据自动传入。然而由于费用问题，有相当数量的腹透患者无法使用自动腹膜透析机。如不使用自动腹膜透析机，患者居家的某些数据如超滤量等则需自行手动输入，这对患者的依从性产生了很大的挑战。因此，虽然目前存在患者远程管理和随访的工具，但受制于医保政策等原因，无法普及应用，医护人员仍难以密切随访腹透患者的居家数据，从而无法进行处方的及时调整与干预。

(二) 患者调研结果分析

1. 血液透析患者痛点与需求分析

根据本次调研结果,血液透析患者普遍面临以下问题:①透析质量待提高(包括透析充分性、并发症、合并症);②经济压力问题(包括家庭收入减少、治疗费用负担等);③专业知识获取难;④生活质量受影响。

(1) 透析质量仍待提升

血液透析充分性是反映透析质量的关键指标之一,透析充分性的提高可减少患者透析并发症,并延长生存期,提高生活质量,降低死亡率。目前,评价血液透析患者透析充分性的常用指标是尿素清除指数(Kt/V),英国肾脏协会和美国肾脏病预后质量倡议(Kidney Disease Outcome Quality Initiatives, K/DOQI)建议 Kt/V 的最小值为 1.2[5]。由于透析用水质量、透析膜材、透析频次和时长等问题,当前血液透析患者透析充分性仍然有待提升。中国透析结果与实践模式研究第五阶段的数据显示,仍有 25.9% 的患者 Kt/V 水平小于 1.2[2]。

慢性并发症与合并症也是反映透析质量的其他关键指标。目前,血透患者面临多种慢性并发症与合并症,这些并发症与合并症的治疗与改善需要更先进的透析材料与药物、更科学的治疗频率和更加严格的患者自我管理,将大幅增加患者经济负担,同时会增加患者心理负担,影响患者生存质量,严重时甚至导致患者死亡。

(2) 经济压力问题

我国绝大部分血液透析患者需每周至少三次,每次约 4～5 小时在医院或血液透析中心进行透析,极大地影响了工作和生活。此次线下调研发现,大部分患者都是失业、退休或提前病退状态,只有少部分自由职业者或工作环境比较轻松的患者仍保持工作状态。总体而言,因为进行透析治疗以及身体状态的下降,血液透析患者的家庭收入都出现了不同程度的下滑。此外,我国幅员辽阔,各省市自治区经济发展水平不一,医保政策也不尽相同。以按每例包干付费地区为例,南京市城镇职工基本医疗保险定额结算标准为:三级定点医疗机构每人每月 6 600 元,二级及以下定点医疗机构每人每月 6 400 元/人;而安徽省省直属单位医疗保险在试行初期,基金结算标准暂定为每人每年 96 000 元(折算为每人每月 8 000 元)。

患者经济情况与不同的医保报销政策决定了血透患者治疗的频率(如一周三次,一周两次,或两周五次)、治疗模式(如是否给予高通量透析、在线血液透析滤过或血液灌流治疗)与透析器等耗材、药物种类等选择,最终影响患者的透析质量、情绪压力及生存预后。

(3) 专业知识获取难

血液透析患者学习专业知识至关重要。通过学习专业知识,患者可以提高对疾病的认知,提升自我管理能力,减轻心理压力,改善生活质量等。然而,根据中国肾脏疾病数据网络 2016 年数据,我国约一半的慢性肾脏病患者年龄在 60 岁及以上,开始透析的平均年龄为 55.6 岁,65 岁及以上人群的透析比例为 32.0%,大部分患者通过互联网或者其他方式自主学习专业知识的能力较低,主要依赖医护人员的健康教育、知识讲座、科普资料等以获取专业知识。在"1. 血液透析医务人员痛点与需求分析"中"(2)患者随访与健康教育困难"(见本书第 29 页)中提到,在实际临床工作中,医护人员很难在工作时间内对患者进行有效宣教,因此患者不同程度面临难以获取专业知识的困境。

(4)生活质量受影响

患者生活质量受影响是全方位的。首先,肾衰竭患者身体状态快速下降,容易发生疲劳、贫血、瘙痒、水肿等并发症,难以完成强度较大的体育活动、家务劳动及工作劳动等;其次,肾衰竭患者在饮食方面受到严格限制,在控制钠、磷、钾、水分摄入的同时,还需要注意均衡饮食,保持营养摄入,因而难以在饮食方面获取足够满足感;再次,如前所述,大部分患者面临着家庭收入水平下降的问题,遭受着不同程度的经济压力;最重要的是,患者因为需定期(平均每周 3 次)往返医疗机构完成 4～5 小时的血液透析,生活自由度大幅降低,社会退出感强。因此,肾衰竭患者因为疾病进展和血液透析治疗,其生活的丰富性、趣味性以及自身价值感都大幅下降,生活质量大受影响。

2. 腹膜透析患者痛点与需求分析

根据本次调研结果,腹膜透析患者主要面临腹膜透析操作繁琐、搬运药物繁重、自动腹膜透析成本高、腹膜炎高发、非感染相关并发症问题突显、专业指导和干预不足等问题。

(1)操作繁琐、搬运药物繁重

操作繁琐、搬运药物繁重是制约腹膜透析推广的关键因素。连续性不卧床腹膜透析(continuous ambulatory peritoneal dialysis, CAPD)患者每天要进行 3～4 次的透析液交换,每次透析液交换大概需要 30 分钟。同时为了尽可能避免腹膜感染,患者需在家里准备洁净场地,在每次透析前后均需对手部、场地进行严格消毒。此外,不论是 CAPD 还是自动腹膜透析(automatic peritoneal dialysis, APD),部分患者都需定期到院取腹膜透析液,居家腹膜透析患者每人每月用掉的腹膜透析液重量达 200～300 千克。因此,频繁的换液、繁琐的消毒程序、繁重的药物搬运,给患者造成了很大困扰。

(2)自动腹膜透析成本高

自动腹膜透析成本高是阻碍腹膜透析患者选择该透析方式的关键原因。自动腹膜透析是在自动腹膜透析机辅助下利用病人夜间休息时间进行自动透析的腹膜透析方式。自动腹膜透析简化了 CAPD 频繁的引流灌液操作,提升了患者白天自由度,是解决 CAPD 操作繁琐的有效方案。然而,自动腹膜透析机普遍售价在 5 万～8 万元/台,而每年产生的透析导管费用约 2 万元,在部分城市,这些费用目前不被医保报销,致使自动腹膜透析相较CAPD 的成本更加高昂。

(3)腹膜炎是严重并发症之一

腹膜透析相关性腹膜炎(PD-associated peritonitis, PDAP)是腹膜透析的严重并发症之一,近年来其发生率有所下降[6],但仍是导致腹膜透析患者拔管及死亡的主要原因。腹膜透析患者发生腹膜炎的主要原因是操作不规范,其次是便秘、腹泻、导管出口处感染等。目前,腹膜透析患者腹膜炎的总体发病率为每例患者 0.26～0.4 次/年,而发生率每半年内增加 1 次,死亡风险就增加 4%[7]。因 PDAP 导致的死亡发生率为 5%～16%,部分透析中心 PDAP 导致的死亡率占腹膜透析患者总死亡率的 19%[8]。

（4）腹膜透析非感染相关并发症问题突显

腹膜透析非感染相关并发症是造成早期技术失败、影响腹膜透析预后的另一大因素，随着腹膜透析相关性腹膜炎发生率的显著下降，非感染相关问题日益突显。腹膜透析非感染相关并发症包括导管相关并发症、腹内压增加相关并发症、代谢并发症以及其他并发症。导管相关并发症（如透析液渗漏、导管堵塞、移位）是腹膜透析早期技术失败的重要原因，目前常规的外科开放式手术置管术后并发导管功能障碍的发生率为 $10\%\sim22\%$[9]，主要影响因素包括肥胖、营养不良、合并糖尿病、既往有腹部手术史和肠道功能紊乱、置管手术医生的技术和经验、导管的类型和透析处方等。腹内压增加相关的并发症包括疝和胸腔积液，其中疝是腹膜透析患者常见的并发症之一，发病率为 $7\%\sim27.5\%$[10]。代谢相关并发症包括糖、脂代谢异常，其他并发症包括水肿、皮肤瘙痒、骨质疏松等，均给腹膜透析患者带来了长期困扰。

（5）腹膜透析专业指导和干预不足

居家腹膜透析可接受的专业指导和干预不足也是患者的一大痛点。腹膜透析患者在完成置管术后通常在院内接受 $1\sim2$ 周的培训，之后在家中自行操作。由于患者认知能力不一，大量患者仍存在因缺乏相关知识和操作指导而产生不当护理的问题，导致各种并发症的发生。此外，虽然腹膜透析延续护理日益受到重视，但由于护理人员工作繁重、上门成本过高等问题，患者居家腹膜透析接受的干预仍然不足，以至于患者存在未按时、按量进行腹膜透析等依从性低的问题，进而影响了腹膜透析的效果。

第二节　血液净化设备创新发展方向

基于前述临床痛点与需求调研和分析，可将血液净化设备创新发展方向归纳为三大类：①减轻临床工作负荷，提高工作效率；②优化治疗效果，改善并发症；③提升患者自由度，促进患者回归社会。

一、减轻临床工作负荷，提高工作效率

随着人口老龄化程度加深、透析技术进步以及预后改善等，我国透析患者数量越来越多，临床医护的工作负荷显著增加。为减轻临床工作负荷，提高工作效率，血液净化设备的创新方向可包括：

（一）丰富透析机实时监测和预警功能

血液透析治疗过程中，患者生命体征、机器参数等需要定时巡视观察并记录，利用机器实时监测功能可极大降低医务人员工作量。当相关参数出现异常或异常倾向时，机器可以起到预警功能，触发医务人员早期干预，从而降低人力成本、减少医疗资源浪费，提高治疗质量和工作效率。

(二)改进透析液供液方式

相较传统供液方式,集中供液系统的应用不仅可以保持透析液成分的稳定,而且在消毒处理、透析液配置、上机准备方面操作更加简便,在节省人力成本上具有极大优势,但在国内的普及率不高,主要存在个体化配置、院感风险等问题。

(三)数字化管理提升日常工作效率

在进行医务人员和患者排班、库存管理、患者治疗参数分析、患者管理等过程中,传统的医院管理仍采取人工作业方式。但面对日益增长的血透患者基数,数字化管理是必然趋势。具体而言,院内信息系统建设、治疗监护设备的数字化升级等可显著提升医务人员日常工作效率,远程管理系统的应用可以辅助医务人员提高患者管理效率和质量,最终实现全国医疗服务质量同质化。

二、优化治疗效果,改善并发症

尽管技术发展使得患者存活率提升,治疗质量得到很大改善,但血液透析和腹膜透析作为目前主流的肾脏替代治疗方式,仍然会引发诸多不良反应和并发症。针对优化治疗效果、改善并发症的需求,血液净化设备的创新方向可包括:

(一)透析器材料与性能创新

透析膜是血液透析技术的关键所在。理想的透析膜需具备良好的生物相容性、溶质清除率高、白蛋白丢失率低、适宜的超滤渗水性、足够的耐压性、对人体安全无害(无抗原性、无致热源)、血室容量低等特性。血液透析膜材料经历了从天然纤维素到合成膜材料,再到高通量膜材料的发展历程,每一次的迭代和发展都使透析治疗的安全性和有效性得到显著提升。然而,现有的血液透析膜在生物相容性、机械稳定性等安全性能上以及毒素清除效率等方面仍有待提升。

为了实现血液透析高效、安全的最佳治疗效果,在膜结构传输理论的基础上,血液透析膜的发展趋势可着眼于透析膜支撑层的孔隙率、分离层的孔径大小、生物相容性、膜的力学性能和机械稳定性、膜材料吸附性能等方面。

(二)血液透析机数智化功能创新

大数据时代,增加智能化监测和控制系统,通过实时数据监测与分析、自动化调整和优化治疗参数,可辅助判断实时透析剂量、预防并发症和不良反应的发生,从而为患者提供更安全、更高效、更便捷的治疗方式。

此外,应用人工智能辅助决策系统监测、分析、预测患者相关生理参数和治疗进展,提前识别潜在问题,如血红蛋白浓度、血清甲状旁腺激素浓度以及凝血指标,并采取预防措施,将有助于降低治疗过程中的不确定性,并改善患者的生活质量。

(三)腹膜透析机智能化改进创新

腹膜透析常以患者居家自主操作为主,腹膜透析机的自动化创新减少患者操作不规范导致的透析不充分、感染等不良反应；数字化创新加强医患互通，有利于提高患者依从性，从而优化治疗效果；智能化创新可实现并发症的监测预警，有助于帮助患者延缓并发症进展，提高生存质量。

（四）透析液和透析用水改进创新

透析液与透析用水的改进对于提高患者治疗质量、改善并发症至关重要。在血液透析方面，如何实现透析液成分的最优配比，实现个体化配方，增加毒素清除效能等，是当前主要的探讨方向。在腹膜透析方面，如何改进腹膜透析液成分和包装袋型来调节腹膜透析液的 pH 值、葡萄糖降解产物浓度、营养物质或者药物浓度等，以实现更好的生物相容性以及腹膜透析治疗效果，仍是该领域的关键研究课题。在透析用水的改进创新方面，改进透析间期和透析过程中的污染暴露，提高透析用水质量，从而减少透析患者炎症状态的发生，是透析用水处理系统的持续优化方向。

（五）治疗方式和模式创新

现有的血液净化治疗方式以血液透析和腹膜透析为主，实际临床工作中常有患者合并肝脏、肺脏等其他单个或多个脏器损伤，因此进行多脏器联合治疗的创新，有助于提高治疗效率和质量。3D打印肾脏、肾脏芯片、生物人工肾、异种肾脏移植等技术的发展，可延长透析时长，减少体液和内环境变化，提高血液净化能力，有望在优化治疗效果、改善并发症方面实现重大突破。

（六）血管通路全周期优化创新

为提升血管通路畅通性，提高患者透析治疗效果，血管通路全周期优化创新包括造瘘前科学护理，造瘘时人工血管和手术器械创新，造瘘后并发症监测和内瘘护理，减轻对于内瘘穿刺的损伤，以及通路再通术时介入器械的创新改进。

（七）数字化智能化赋能患者管理创新

随着信息技术的进步，未来最优透析剂量的确定、并发症的及时发现与干预、患者自我管理依从性的显著提升，都离不开数字化、智能化创新。具体而言，一方面，在远程监测系统基础上，医务人员可通过远程医疗服务的方式，加强患者教育和管理，提高依从性，有效监测腹膜感染等并发症情况；另一方面，通过智能监测系统与患者智能设备（如手机或智能手表）的集成，患者可以随时访问自己的治疗数据，了解自己的健康状况，并与医护人员进行更密切的沟通，从而实现更高效的自我管理。

三、提升患者自由度，促进患者回归社会

无论何种肾脏替代治疗方式，其最终目的是治疗疾病、提高患者自由度，促进患者回归社会。为此，血液净化设备的创新方向可包括：

（一）设备小型化和便携化创新

便携式和家用设备的发展将赋予患者更大的自由度。如使用便携式和家用设备，患者

可以根据自己的时间表进行治疗，不再需要每周多次前往医疗机构，从而更好地融入社会生活。因此，颠覆当前的中心血液透析模式和腹膜透析方式，实现设备的小型化和便携化，并持续向生物人工肾演进，是极具前景的创新发展方向。

（二）优化肾移植治疗方法

肾移植的肾脏替代治疗方式能达到更持久高效的治疗目的，但实际临床中受限于供体来源。由此，完美解决供体来源的异种器官移植是实现肾衰竭高质量治疗的创新方向。近年来，经基因编辑的猪源肾脏成为肾脏移植的一种新选择，多项临床研究已经在《美国医学会杂志》（*JAMA*）、《新英格兰医学》等医学顶级期刊上发表。尽管目前肾脏异种移植仍有很多问题需要解决，但随着基因编辑技术的发展，如单碱基编辑及先导编辑技术的出现，肾脏异种移植必将迎来巨大的突破。

参考文献

［1］ Zhang S, Zhu C, Ye Y, Li H. Percutaneous transluminal angioplasty combined with thrombolysis for acute thrombosis in arterio-venous fistula and graft ［J］. Zhejiang Da Xue Xue Bao Yi Xue Ban. 2019, 48(5):533 - 539.

［2］ Zhao, X., Niu, Q., Gan, L. et al. Baseline data report of the China Dialysis Outcomes and Practice Patterns Study (DOPPS)［J］. Sci Rep, 2021,11:873.

［3］ 张帆,杨雪球,赵宸等. 血液透析病人抑郁和焦虑状态影响因素及生活质量分析［J］. 蚌埠医学院学报,2022,47(9):1171 - 1175.

［4］ 施雯,刘玉秋,张留平,等. 维持性血液透析患者瘙痒症的流行病学调查［J］. 肾脏病与透析肾移植杂志,2023,32(3):220 - 225.

［5］ National Kidney Foundation. KDOQI Clinical Practice Guideline for Hemodialysis Adequacy:2015 update ［J］. Am J Kidney Dis. 2015,66(5):884 - 930.

［6］ Ozisik L, Ozdemir FN, Tanriover MD. The changing trends of peritoneal dialysis related peritonitis and novel risk factors ［J］. Ren Fail. 2015,37(6):1027 - 32.

［7］ 殷铭徽,马磊,高阳,等. 导致腹膜透析相关性腹膜炎拔管的临床因素分析［J］. 国际泌尿系统杂志,2023,43(4):702 - 706.

［8］ 李肖肖,路海云,刘晓芬,等. 腹膜透析相关性腹膜炎预防与管理的证据总结［J］. 中国实用护理杂志,2022,38(23):1804 - 1810.

［9］ 林叶,陈文,庄乙君,等. 改良腹膜透析置管术对导管相关并发症的影响［J］. 国际泌尿系统杂志,2017,37(5):761 - 764.

［10］ Del Peso G, Bajo MA, Costero O, et al. Risk factors for abdominal wall complications in peritoneal dialysis patients ［J］. Perit Dial Int. 2003;23(3):249 - 254.

第三章

血液透析领域创新

　　血液透析是一种肾脏替代治疗方法，用于处理患者血液中的废物和多余液体，以维持体内的水和电解质平衡。这种治疗适用于慢性肾脏疾病患者或急性肾损伤患者，当肾脏无法有效执行滤过功能时，血液透析机模拟肾脏滤过的功能。血液透析领域的创新一直在不断发展，旨在改善患者的治疗效果并提高治疗的便利性。血液透析领域的创新包括：血液透析机的改进，高效血液透析膜、透析液成分优化，集中供液以及高质量透析用水制备。

第一节　血液透析机创新

　　血液透析机是用于执行血液透析过程的专用医疗设备，它的核心组件包括透析液配比系统、控制监测系统和体外循环系统。透析机在临床实践上的痛点主要包括操作复杂性、故障、透析效果监测以及安全性问题。目前透析设备在操作复杂程度以及故障率方面已经得到极大的优化，但是在透析效果呈现以及在透析过程中突发状况处理方面，仍然需要密集的人为干预。因此，创新的透析设备需要配备实时监测报警系统、实时监测透析参数、实时监测患者体征数据等功能模块，用于保证患者安全并能够根据患者相关参数的改变进行透析处方的调整。为了实现这一目标，透析设备还需要依赖机器学习等人工智能技术，以获取和处理大规模数据，构建实时的预测模型（见图 3-1）。

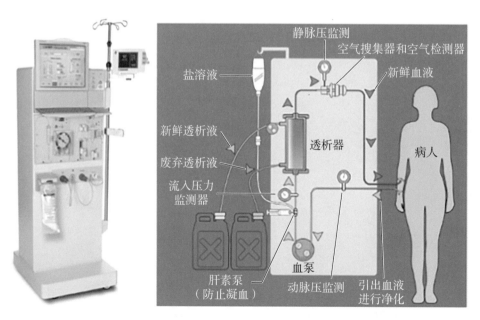

图 3-1　血液透析机与血液透析过程示意图

信息来源：美国肾脏病学会、Jonathan Himmelfarb 教授、蛋壳研究院

一、在线监测与生物反馈系统

（一）在线清除率监测系统

透析充分性与终末期肾脏病患者的生活质量和长期生存率密切相关[1]。传统的评估指标是尿素清除指数（Kt/V），它通过监测患者透析前后血尿素氮水平，采用尿素动力学模型（urea kinetic model，UKM）公式，如 Daugirdas Ⅱ 公式计算而得。由于传统 Kt/V 监测需要采血检验，无法实时监测，且传统的 UKM 方法忽略了透析过程中尿素分布的不均匀性，导致结果通常高估了实际透析充分性。随着透析设备的不断创新，新一代透析机具备了实时监测透析充分性的功能。

Daugirdas Ⅱ 公式如下：

$$\frac{Kt}{V}_{Daugirdas} = -\ln\left(\frac{透析后尿素氮}{透析前尿素氮} - 0.008 \times 小时\right) + \left(4 - 3.5 \times \frac{透析后尿素氮}{透析前尿素氮}\right) \times \frac{UF\ Vol}{透析后体重}$$

其中，UF 为透析中移除水分量（升）。

在线清除率监控（online clearance monitor，OCM）是一种透析剂量测定技术。其原理是：尿素和钠离子在跨膜转运方式和清除率方面基本一致，同时钠离子浓度的变化与透析液电导度的变化密切相关[2]。在透析液入口端和出口端分别设置电导率传感器，通过OCM 技术实时监测透析液电导率的变化，并通过设备内置的测量程序自动计算尿素清除率（K）和有效治疗时间（t）。费森尤斯将这项技术商业化并应用于 4008/5008 系列透析机（见表 3－1），通过改变透析液的钠含量，计算出预测的尿素清除率（K），并采用人体测量估算模型（通常为 Watson 算法）来获得尿素分布容积 V。在欧洲开展的一项多中心、前瞻性研究结果表明，OCM 提供的 Kt/V 值与常规采血法获得的 Kt/V 值具有良好的相关性[3]。OCM 提供的实时 Kt/V 变化曲线有助于临床医生及时进行判断和调整，从而提高透析质量。

表 3－1　透析机在线清除率系统比较

监测模块	代表企业	检测原理	优势	不足
OCM DiaScan/OCM	费森尤斯 百特/瑞典金宝	电导率	● 无需采血检测 ● 与采血法获得的 Kt/V 值相关性较高	● 临床应用无法实时监测 ● 对于 V 的估计存在一定误差
Adimea DDM	贝朗 威高日机装	紫外吸收	● 无需采血检测 ● 对患者实时监测 ● 无需单独估计 V	● 非特异性紫外吸收干扰

信息来源：蛋壳研究院

尽管从技术层面上讲，OCM 可以频繁利用电导率进行清除率监测，但是在临床实践中，常采用每 45 分钟测量一次，即一次 4 小时的透析只能监测 6 次。另外，尿素分布容积

(V)的估算过程也容易出现错误[4]。为了解决上述问题,贝朗透析机 Adimea™ 模块以及威高日机装 DDM 模块采用了紫外吸收技术来监测透析废液中尿素类物质,从而实现对患者透析充分性的实时追踪能力。由于吸光度随时间变化曲线的斜率是由 Kt/V 决定的,因此该方法无需单独估计尿素分布容积(V)。然而,紫外吸收技术最大的问题在于同一波长下存在非尿素的吸收峰的干扰。Adimea™ 将检测波长设定在 280 nm,旨在避免透析中的部分蛋白和药物对检测结果的影响[5],但仍然需要更多证据来支撑(见图 3-2)。

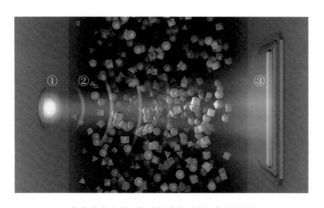

①紫外发生器;②透析液废液测;③接收器

图 3-2 贝朗 Adimea™ 工作原理示意图

信息来源:贝朗官网

无论是电导率还是紫外吸收检测技术,其原理都属于透析废液中尿素的替代监测,在临床实践中,这些方法都存在一定局限性。随着生物传感、纳米材料或基于光学、电化学等原理的传感技术的发展,未来或许能直接对透析液中的尿素进行高灵敏、高选择性的检测。早些年已有企业进行了这方面的尝试,例如百特 Biostat 1000 设备可以实现对尿素的监测[6],但是由于设备复杂且需要校准而并未成功商业化。

(二) 血容量监测与生物反馈系统

血容量下降通常被认为是透析期间低血压的起始事件。血容量监控生物反馈系统是利用生物传感器实时监测患者的血流动力学参数并进行反馈控制,从而减少透析过程中血流动力学不稳定情况的发生。其基本组件包括传感器、执行器和控制器。目前血容量监测主要采用 Dill 和 Costill[7]、Van Beaumont[8] 提出的两种技术。Dill 和 Costill 假设 F 细胞比率保持不变,虽然局部血流重新分布时可能发生较大的红细胞偏移,但血红蛋白的量不会发生变化[7]。而 Van Beaumont 则假设在透析中细胞体积变化,但假设红细胞的体积保持不变[8]。大多数基于红细胞比容和血红蛋白测量的血容量监测技术依赖 Van Beaumont 假设。然而,测量总蛋白的技术更依赖于 Dill 和 Costill 假设。

Dill 和 Costill 公式如下:

$$\Delta PV = \frac{PV_{post} - PV_{pre}}{PV_{pre}} = \frac{Hb_{pre} \times (1 - Hct_{post})}{Hb_{post} \times (1 - Hct_{pre})} - 1$$

其中,*PV* 为血浆容积,*Hb* 为血红蛋白浓度,*Hct* 为血细胞比容,公式的假设为治疗前后血红蛋白浓度与总血容量 *BV* 的乘积保持不变。

Van Beaumont 公式如下:

$$\Delta BV = \frac{Hct_{pre}}{Hct_{post}} - 1$$

其中,*BV* 为总血容量,*Hct* 为血细胞比容。

在血容量监测的基础上,血容量反馈控制中包含的重要参数为相对血容量、临界血容量、临界血浓缩、相对血容量曲线以及血容量轨迹。目前已有多家企业在其透析机上加载了这项功能,如百特 Hemocontrol 和威高日机装 Haemomaster 血容量监测系统(见表3-2)。这两个系统主要是通过调整透析液浓度和超滤速度来控制相对血容量变化的轨迹。而对于血容量的控制主要是通过增加钠离子浓度以及超滤速度,使血管再填充得到增加。然而,该系统在治疗前会根据患者独有的血容量下降因子,以及超滤量得到相应的理想的血容量下降曲线,治疗时根据理想的血容量下降曲线进行反馈控制透析液电导率和超滤速度。费森尤斯血容量监测系统(blood volume monitor,BVM)是基于临界相对血容量的定义和超滤速率的下降,即当相对血容量下降超过初始相对血容量和临界相对血容量之间距离一半时,则超滤速度线性下降。该系统不会跟踪预定义的血容量轨迹,也不会达到预设的血容量值。贝朗的 Biologic Fusion 血容量监测系统应用于部分贝朗 Dialog 系列血液透析机,主要通过反馈血容量和血压两个数值来进行血容量控制。Biologic Fusion 系统(低血压防治系统)的工作模块主要包含四个步骤:①Biologic Fusion 在治疗时采集患者血压和血容量数值;②比对患者历史血压曲线记录;③更准确地预测血压异常波动风险;④综合评估后给出相适应的治疗超滤曲线。

表3-2　透析机血容量监测系统比较

血容量监测系统	代表企业	反馈参数	优势	不足
Hemocontrol Haemomaster	百特 威高日机装	● 超率速率 ● 透析液电导率 ● 血容量轨迹	● 通过提高钠离子浓度增加血管再填充度	● 需要提前输入单位超滤量引起血容量的变化值
BVM	费森尤斯	● 超滤速率 ● 临界血容量	● 可以对临界血容量值进行精调和粗调	● 无法对透析液电导率进行控制 ● 需要患者历史治疗数据
Biologic Fusion	贝朗	● 血压 ● 血容量 ● 历史血压曲线	● 同时采集血压和血容量两个参数,更加精准预测低血压风险 ● 通过 AI 算法采集并生成患者个性化血压学习曲线	● 每位患者需要完成 3 次治疗,采集完数据后使用该功能

信息来源:公司官网、公开资料、蛋壳研究院

　　尽管目前的血容量监测系统能够较好地控制 2～3 个变量,但是,为了减少透析中的并发症,提高透析舒适度,理想的监测系统应该涵盖所有的扰动变量。以超滤为例,理想的血容量监测系统应该在尽可能短的时间内,以最低的并发症率达到目标干体重并有效控制血压。对于未来的系统,应通过各种方法来测量患者体内含水量,设置超滤量,并利用血容量、血压、心率、心输出量等信息在最佳时间内控制超滤量。

二、血液透析决策支持系统

　　血液透析个体化给药是目前的研究热点。研究人员运用机器学习等人工智能技术,结合个体药物代谢动力学、药效动力学以及患者的临床资料开发了一系列的 AI 临床决策支持系统,以帮助临床医生把握药物的治疗剂量。

(一) 血红蛋白浓度与外源性促红细胞生成素剂量预测模型

　　贫血是血液透析患者常见并发症之一。外源性促红细胞生成素(exogenous erythropoietin agent, ESA)及铁剂是目前主要的治疗手段。然而,ESA 剂量使用不当,可能会增加高血压、脑卒中、血栓栓塞等相关疾病的风险。西班牙瓦伦西亚大学 IDAL 实验室 Escandell-Montero 教授团队采集了三个国家近 17 万份临床数据,并建立了一个可以预测血红蛋白浓度并给出治疗建议的 AI 决策支持系统。该系统的核心是贫血控制模型[9]。该模型由两部分组成,第一部分是人工神经网络(artificial nerual network, ANN)预测模型,根据反馈的临床数据预测未来一个月的血红蛋白浓度;第二部分是剂量选择算法模型,通过模拟不同 ESA 剂量的治疗效果,自动将血红蛋白控制在目标范围(10～12 g/dL)的最佳 ESA 剂量。该团队在 752 例患者中进一步评估了模型的准确性[10]。研究结果表明,该模型能够提高治疗中血红蛋白的达标率,同时显著降低 ESA 消耗量。

(二) 血清甲状旁腺激素浓度预测模型

　　慢性肾脏病—矿物质骨代谢异常(chronic kidney disease-mineral and bone disorder, CKD‑MBD)严重影响透析患者的治疗效果。在临床实践中,通常根据血清钙、磷和全段甲状旁腺激素(intact parathyroid hemodiafiltration, iPTH)的浓度调整磷酸盐结合剂、维生素 D 类似物和钙剂的剂量。中国台湾大林慈济医院核医学部研究团队利用人工神经网络对血液透析患者血清 iPTH 浓度进行预测。模型选择了 6 个变量(年龄、糖尿病、高血压、血红蛋白、血白蛋白、血钙)进行输入,通过多层感知器神经网络(multi-layer perception neural network, MLP)模型,最后输出血清中 iPTH 的浓度。模型测试结果显示,内部验证组中 iPTH 预测浓度的曲线下面积(area under curve, AUC)>0.9,外部组 AUC>0.8,模型具有良好的预测能力[11]。

(三) 肝素剂量预测模型

　　肝素是血液透析过程中常用的抗凝剂。为了进一步了解肝素使用剂量与抗凝效果之间的定量关系,美国路易斯维尔大学 Brier 教授团队建立了多层感知器神经网络(MLP)模型,该模型与传统的药效学非线性混合型模型(nonlinear mixed effects model, NONMEM)

相比,预测的精准度更高[12]。

基于 AI 的临床决策支持系统能够给医生提供更准确、更智能的药物治疗方案,提高患者治疗效果和生活质量。然而,目前 AI 决策支持系统仍然处于开发阶段,仍需一段时间才能在临床实践中得到应用并被医生广泛接受。同时,AI 决策支持系统作为医疗辅助工具,还需要满足相关的法规和规范要求,从而确保这些技术能够安全、准确和可靠地应用。

三、单泵单针血液透析系统

血液透析的单针治疗是指在血液透析过程中,血液通过一个共同的路径进入透析机并回到患者体内。1964 年,荷兰 Twiss 教授在《柳叶刀》杂志上首次提出"单针"(one-cannula)概念[13]。在早期,单针系统完全是由时间控制的,导致流入和流出之间的交替太快,再循环过多。随后,压力调节系统(压力—时间或压力—压力)的应用,使循环交替过程通过软件系统得到了较好的控制,从而提高了透析的充分性。2019 年,欧洲肾脏透析移植协会与血管通路协会合作发布了《成人血液透析动静脉内瘘和移植物围手术期及术后护理的临床实践指南》。《指南》指出,如果早期内瘘穿刺(时间在手术第 2 周之后但在第 4 周之前)可以帮助避免导管透析,则建议首选。在此基础上,建议使用单针治疗,低血流量和更小的针头(17 号针),以防止对动静脉内瘘早期穿刺的伤害。

虽然有数据表明单针治疗对内瘘有一定的保护作用,但是既往传统的双泵单针系统可能存在血流量低、再循环率高、Kt/V 不达标、机器报警多、溶血及反滤过等多种问题,导致医护人员对单针系统持有保守的态度。在此背景下,德国贝朗开发了一款新型的单针治疗模式,该模式使用一个血泵就能完成整个循环相过程,仅需要设置每个时项血室的容积量,便将自行调节血流量,体外循环回路中的血流连续无中断,且无需医护人员额外干预(见图 3-3)。研究结果表明,新型单针系统的累计总净化血量、治疗时达成的血流量以及校正的有效治疗时间均显著优于标准单针系统,其中新型单针系统达成的累计总净化血量较标准单针系统增加 35.7%,这是由增加的 22% 的血流量和 13.7% 的有效治疗时间实现的。且新型单针治疗重复性好,数据离散度小,变异系数仅 5.3%(标准单针的变异系数为 8.5%)[14]。

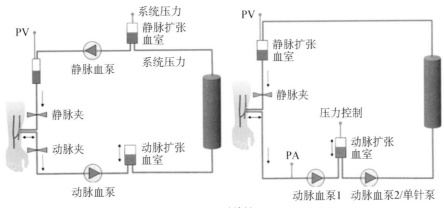

a. 双泵单针

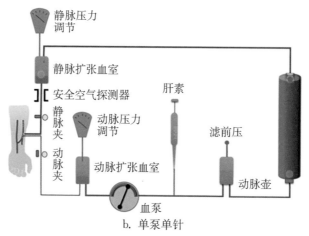

图3-3　双泵单针和单泵单针系统示意图

信息来源:贝朗微信公众号、蛋壳研究院

第二节　血液透析耗材创新

一、血液透析膜

(一)血液透析膜的发展历程

血液透析技术对肾衰竭患者的治疗起到了重要的作用,而其治疗效果又在很大程度上取决于血液透析膜的性能,因此,血液透析膜是血液透析技术的关键所在。血液透析膜自20世纪初问世以来,制膜材料的发展经历了由天然纤维素衍生物到高分子合成材料的演进(见图3-4)。传统纤维素膜由于材料表面暴露的羟基官能团容易引起补体激活,从而导致其临床应用受限。合成膜材料包括聚砜、聚醚砜、聚甲基丙烯酸甲酯,相较于纤维素膜,其生物相容性更优且通透性更好。

合成透析膜虽然具有诸多优势,但是由于其孔隙较小且透析效率低,因此只能清除分子量较小的水溶性毒素,如尿素、肌酐和胺类等(见表3-3)。为了弥补合成膜自身因素的限制,在膜制造过程中常采用物理改性的方式进行优化,通过与聚乙二醇(PEG)、聚乙烯吡咯烷酮(PVP)等亲水性聚合物改性剂混合,使透析膜获得更大的孔径结构及更优的生物相容性[15]。在这样的背景下,高通量透析膜进入临床。高通量透析膜的截留分子量达到了25 kDa,对于 β_2-微球蛋白有较好的清除能力,高通量透析模式也因此成为全球最常用的透析模式。本报告从临床视角出发,梳理并分析了已产业化的膜材料创新现状和目前在研膜材料的创新方向。

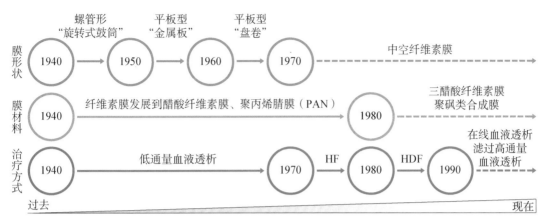

图3-4 透析膜材料发展历程

信息来源:公开资料、蛋壳研究院

表3-3 尿毒症毒素分类及其代表生物标志物

尿毒症毒素分类	分子量(kDa)	代表生物标志物
小分子水溶性毒素	<0.5	尿素(60 Da)、肌酐(113 Da)、尿酸(168 Da)
中小分子毒素	0.5—15	PTH(9.5 kDa)、β2-微球蛋白(11.8 kDa)、胱抑素 C(13.3 kDa)
中分子毒素	15—25	肌红蛋白(17 kDa)、TNF-α(17 kDa)、sTNFR2(17 kDa)、IL-10(18 kDa)、FGF-2(18 kDa)、催乳素(22 kDa)、κ-游离轻链(22.5 kDa)、补体因子 D(23.75 kDa)、IL-18(24 kDa)、IL-6(24.5 kDa)
中大分子毒素	25—58	sTNFR1(27 kDa)、FGF-23(32 kDa)、VEGF(34.2 kDa)、YKL-40(40 kDa)、λ-游离轻链(45 kDa)
大分子毒素	>58	AOPP(>60 kDa)、修饰白蛋白(65 kDa)
蛋白结合类毒素	大部分<0.5	同型半胱氨酸、硫酸吲哚酚、硫酸对甲酚

信息来源:公开文献[16]、蛋壳研究院

(二)已产业化的创新透析膜

1. 基于在线血液透析滤过模式的高通量透析膜

为了进一步提高毒素清除能力,改善患者的不良反应,在线血液透析滤过(OL-HDF)技术开始应用于血液透析。该模式主要是通过弥散和对流两种原理增加对中大分子毒素的清除。其膜材料主要为纤维素衍生类的三醋酸纤维膜和高分子类合成膜,例如聚砜、聚芳醚砜、聚苯砜等(见表3-4),在制作过程中通过与 PEG 或者 PVP 亲水性材料预混,提高了膜材料孔径。OL-HDF 是目前临床上最接近肾脏功能的肾脏替代治疗,已经积累了 20年的临床实践经验。欧洲透析预后与实践模式研究(DOPPS)已经证实,相较于低通量透析,OL-HDF 能够降低 35% 的死亡风险[17]。2023 年 6 月,欧洲肾脏协会公布了高容量血液透析滤过与高通量血液透析的对比实验(CONVINCE 研究)结果,研究显示后稀释高流量 HDF(平均对流量 25.3 L)可降低 23% 的死亡率,在中位随访 30 个月的时间里,接受 HDF 的患者的全死亡率仅为 17.3%(血液透析患者为 21.9%),表明接受 HDF 的患者明显获益。该结果也同期发布至《新英格兰医学杂志》[18]。除此之外,还有一些大型随机对照试验,如荷兰 HDF 研究[19]、土耳其 HDF 研究[20]、西班牙 HDF 研究[21] 以及法国 HDF 研究[22],都表明 OL-HDF 能够有效降低全因死亡率和心血管疾病死亡率。

表 3-4 用于 OL-HDF 透析器的膜材料对比

透析器	企业名称	膜材料	膜厚度(μm)	内径(μm)	表面积(m²)
Cordiax FX800	费森尤斯	聚砜	35	210	2
Xevonta H18	贝朗	聚砜	35	195	1.8
Polyflex	百特	聚芳醚砜	35	190	1.8
FIX-190S	尼普洛	ATA	25	200	1.9
ABH-18PA	旭化成	聚砜	43	200	1.8
NVF-18P	东丽	聚砜	40	200	1.8
Philter 17G	美敦力	聚苯砜	30	200	1.7

信息来源:公开文献、企业官网、蛋壳研究院

2. 基于延展性透析(HDx)的中截留量透析膜

由于 OL-HDF 在临床应用中需要具有血液透析滤过功能的透析机,对于患者的血管通路质量要求较高,且需要大量的置换液,因此该模式并非适用于所有患者。为了在传统透析模式下清除中大分子毒素,中截留量膜问世并应用于临床。在膜制造工艺上,中截留量膜仍然通过膜材料与 PVP 预混并在芯液中加入了透明质酸,提高了孔径(见表 3-5)。从膜材料的电镜扫描结果来看(见图 3-5),中截留量膜具有非对称的三层结构,与血液接触后的有效孔径为 3.0—3.5 nm,介于高通量膜和高截留量膜之间,对尿毒症毒素截留分子量已经接近白蛋白,达到了 45 kDa(见表 3-6)。临床研究表明,采用中截留量膜的 HDx 模式,其透析筛分曲线与肾脏接近,能够有效地清除 κ-游离轻链等毒素[23]。哥伦比亚扩大血液透析登记协议(expanded hemodialysis registry protocal in Colombia, COREXH)研究纳入 992 例血液透析患者,随访一年结果表明,HDx 治疗显著增加 spKt/V,从基线的 1.62 上升到 1.70,瘙痒以及不宁腿综合征等不良反应改善,治疗效果无异于 OL-HDF[24]。

表 3-5 用于 HDx 模式的中截留量膜材料

透析器	企业名称	膜材料	KUF, ml/h/mm Hg	膜厚度,μm	内径,μm	表面积,m²
Theranova 400	百特	聚芳醚砜	48	35	180	1.7
Elisio 17H	尼普洛	聚醚砜	75	40	200	1.7

（续表）

透析器	企业名称	膜材料	KUF, ml/h/mm Hg	膜厚度, μm	内径, μm	表面积, m²
Vie 18X	旭化成	聚砜	87.9	45	185	1.8
Phylther 17SD	美敦力	聚苯砜	53	30	200	1.7

信息来源：公开文献、企业官网、蛋壳研究院

a. 中空纤维　　　　　　　　　　　　b. 纤维壁结构

图 3-5　百特 Theranova 膜材料电子显微镜扫描

信息来源：公司官网、蛋壳研究院

表 3-6　血液透析模式优劣势对比

透析模式	膜材料	优势	劣势
高通量血液透析	三醋酸纤维素膜/聚砜膜/聚醚砜	● 超滤系数提高，相对于低通量血液透析有更好的水及溶质通透性	● 分子截留量为 25 kDa，中大分子清除能力弱
在线血液透析滤过	聚砜/聚醚砜/聚芳醚砜/三醋酸纤维素膜/Helixone 膜（FMC）	● 同时利用对流和弥散原理，截留分子量达到 30 kDa； ● 临床证据质量高，相较于 HD 能降低 35% 的死亡风险（DOPPS 研究）	● 需要特殊的设备 ● 后稀释 OL－HDF 对患者血管通路质量要求高 ● 需要大量的超纯透析液 ● 对 PBUTs 类毒素清除能力有限 ● 需要超纯透析液
延展性血液透析	聚芳醚砜/聚醚砜/聚苯砜	● 通过改性使其截留分子量达到 45 kDa，接近白蛋白，提高了对大分子量的中分子毒素的清除能力 ● 普通血液透析机即可使用	● 对于小分子毒素的清除能力不及 OL－HDF ● 对 PBUTs 类毒素清除能力有限（REMOVAL－HD 研究） ● 需要超纯透析液

信息来源：公开资料、蛋壳研究院

尽管越来越多的临床证据表明 HDx 的治疗效果已经接近后稀释高容量 OL‐HDF 治疗,但是 HDx 应用上还存在一定痛点(见表 3‐6、图 3‐6),例如白蛋白丢失、仍然没有解决 PBUTs 毒素的清除等,因此未来还存在一定的优化空间[25][26]。

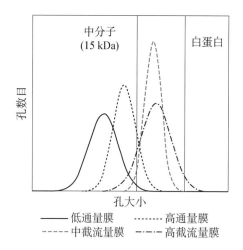
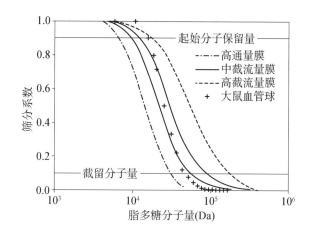

图 3‐6　不同膜孔径分布以及筛分曲线比较

信息来源:公开文献[16]、蛋壳研究院

(三) 在研的创新膜

从目前的研发进展来看,血液透析材料创新的方向主要包括新材料发现和传统膜材料改性两个方面。新材料探索主要是为了解决传统材料透析性和毒素选择性的问题。例如,麻省理工团队开发出了一种纳米多孔石墨烯透析膜(见图 3‐7),由于其具有超薄(<1 nm)结构,因此该材料可能彻底提高透析效率并且在未来可穿戴人工肾方面具有应用潜力[27]。此外,陕西师范大学杨鹏教授团队报道了一种类淀粉样蛋白自组装透析膜(见图 3‐8),其蛋白间的缝隙可为毒素运输提供纳米通道从而具有高效的透析性能[28]。

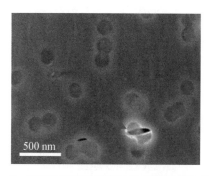
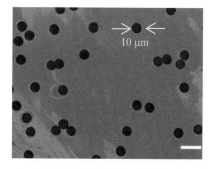

图 3‐7　石墨烯聚碳酸酯径迹蚀刻膜扫描电镜照片　**图 3‐8　淀粉样蛋白自组装透析膜扫描电镜照片**

信息来源:公开文献[27]　　　　　　　　　　信息来源:公开文献[28]

现有透析膜材料都有其自身的优点和缺点。这些透析膜的固有性质,例如超滤性能、对中分子毒素的透过性以及血液相容性等,限制了它们在血液透析技术中发挥更大的作用,故需要对这些透析膜进行适当的物理或者化学改性来进一步改善其性能。如前所述,膜制造工艺上就通过膜材料与亲水性材料共混提高截留分子量,增加透析能力。然而,这些透析膜的制备方法和工艺较为复杂,因此它们仍处于实验室规模的试验阶段,并且需要对各自的应用潜力进行更加深入的研究。

二、血液透析器

除了透析器膜材料的改进,透析器设计的创新还可以通过功能整合来实现。通过将不同的功能整合到透析器中,可以实现叠加功能,从而达到降低成本、提高效率和改善透析治疗的目的。

(一) 具有透析液净化功能的透析器

血液透析治疗过程中透析液纯度与患者急慢性并发症的发生密切相关[29]。对比常规透析,超纯透析在临床上可明显改善患者的微炎症反应,提高患者的透析充分性并改善瘙痒等不良反应,进一步提高患者的生活质量[30]。为获得超纯透析液,目前临床上的主要解决方案是通过在透析机的透析液循环管路之间安装细菌过滤器进行过滤,再将滤过的透析液通过管路输送到血液透析器进行治疗,从而在血液透析治疗时获得超纯透析液。然而,这种方式仍无法杜绝细菌过滤器之后管路污染的风险,并且细菌过滤器通常为多次使用的器械,需要监控和反馈定期消毒效果,在细菌过滤器达到使用寿命后,需要定期更换。

苏州关怀医疗设计开发了超纯透析器,通过在血液透析器腔体上并联透析液净化腔体,使得透析液在进入透析器腔体之前完成净化,从而达到超纯透析的目的(见图 3-9)。该款超纯血液透析器相比于现有血液透析器和超纯透析解决方案具有以下优点:首先,超纯透析器具备优质的净水能力,可将常规生活用水净化至超纯水平,保证透析液的质量,避免传统管路连接导致的微生物污染风险;该透析液净化采用中空纤维膜,能过滤绝大多数

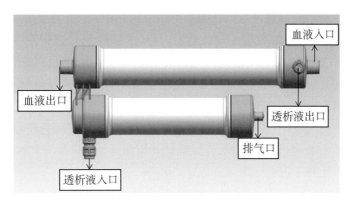

图 3-9　关怀医疗超纯血液透析器

信息来源:关怀医疗

内毒素分子,确保过滤后水质达到超纯血液透析要求;同时,血液透析器与透析液过滤器一体化设计,便于安装操作。此外,在无法获得超纯透析液或特殊情况下,超纯血液透析器可作为临时处理终端,将常规生活用水净化至超纯水平,确保患者血液透析的水平和质量。

(二)具有灌流功能的透析器

目前越来越多的临床研究表明,血液灌流能够有效地去除血液内肌酐、尿酸、中分子物质、酚类、胍类、吲哚、有机酸及多种药物,然而对于尿素、磷酸盐、水分及电解质的作用甚微。因此,临床上通常采用血液透析联合血液灌流的模式来增加患者的治疗效果。

苏州关怀医疗设计开发了吸附式血液透析器(见图3-10),该透析器是血液吸附腔体和血液透析腔体串联组成的一体化设计,并采用特定生产线,根据技术要求严格控制生产的中空纤维膜作为血液吸附膜。治疗时血液首先经过吸附腔体的吸附之后,进入血液透析腔体中的中空纤维膜,与流经膜外的透析液进行跨膜毒素交换,完成治疗的血液再从出液端盖流出回到患者体内。通过串联灌流器,能够提高临床疗效,一体化的设计可在治疗时简化操作步骤,减少管路增加的感染风险,减少耗材用量,减轻医患负担。

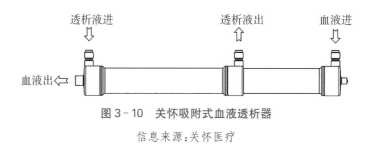

图3-10　关怀吸附式血液透析器

信息来源:关怀医疗

三、血液透析液

(一)血液透析液的发展概览

血液透析液的配方在近几十年中经历了几次重大变革,这些变革主要是为了改善透析治疗的效果并减少患者的不良反应。在早期的血液透析中,使用生理盐水作为透析液的基础,并添加少量的碳酸氢盐作为缓冲剂。然而,早年的碳酸氢盐透析液在使用过程中需要使用一种非常复杂的系统,持续不断地向透析液中注入二氧化碳气体,来降低透析液的pH值,避免钙和镁盐的沉积。20世纪60年代,醋酸盐成为标准的透析液缓冲液,用于纠正尿毒症酸中毒和抵消碳酸氢盐在血液透析过程中的扩散损失。尽管醋酸盐透析液解决了钙镁沉淀和细菌污染的问题,但由于醋酸根毕竟不是生理性的酸根,它所带来的临床问题很快便被广泛报道了出来,主要机制包括直接降低外周阻力、促进IL-1的释放、由于碳酸氢根丢失导致的代谢性酸中毒[31]。

1978年,AB浓缩液被开发并应用于临床,从而解决了早期碳酸氢盐透析液的沉淀和细菌污染问题。透析液成分被分为三部分:酸性溶液、碱性溶液和纯水。以上三部分溶液按照固定的比例在透析机内部进行精确配比,最终得到符合生理需要的透析液。其最终碳酸氢根离子浓度范围在22—45 mmol/L。目前国内临床使用的配方主要有两种(见表3-7、表3-8)。相较于醋酸盐配方,新的碳酸盐透析液更具备生理性,酸中毒能够被完全纠正。

表3-7 百特透析液配方

成分	A液	B液
Na$^+$	75	65
K$^+$	2.0—2.5	
Ca^{2+}	1.25—1.75	
Mg^{2+}	0.5—0.75	
Cl$^-$	78	30
CH3COO$^-$	4	
HCO$_3$$^-$		35

信息来源:公司官网、蛋壳研究院

表3-8 费森尤斯透析液配方

成分	A液	B液
Na$^+$	103	35
K$^+$	2.0—2.5	
Ca2$^+$	1.25—1.75	
Mg^{2+}	0.5—0.75	
Cl$^-$	109	
CH$_3$COO$^-$	3	
HCO$_3$$^-$		35

信息来源:公司官网、蛋壳研究院

然而,新的配方仍然存在问题。首先,由于高浓度的碳酸氢盐溶液(B液)是细菌良好的培养基,储存和使用不当容易导致透析液细菌和内毒素超标(见本章第三节"集中供液系统创新")。另外,为了调整透析液的pH值,防止碳酸氢盐沉淀,新配方中仍然使用醋酸盐,但临床上也有证据表明醋酸盐可能导致机体炎症因子释放以及慢性高磷血症的风险[32]。2009年,瑞士La Carità医院肾内科Luca Gabutti教授报道了一项比较枸橼酸配方和醋酸配方透析液的临床研究[33]。结果表明,枸橼酸透析液能够显著降低患者的血管外周阻力。目前拥有枸橼酸产品的代表企业有美国百特、费森尤斯以及日本尼普洛(见表3-9)。但是由于枸橼酸可螯合钙离子,因而存在导致低钙血症及甲状旁腺激素升高等潜在风险,严重低钙血症可能导致低血压及急性心血管并发症发生。所以,其临床应用的推动并不顺利。

表 3 - 9　枸橼酸透析液对比

产品	企业	枸橼酸含量	醋酸含量
Citrasate®	费森尤斯	2.4 mEq/L	0.3 mEq/L
SoftPac Citrate	百特	1 mmol/L	0 mmol/L
Citrasate™	尼普洛	0.8 mmol/L	0.3 mmol/L

信息来源：企业官网、蛋壳研究院

（二）具有蛋白结合类毒素清除能力的透析液

传统的透析液主要用于清除体内代谢产物，调节电解质和酸碱平衡，以帮助肾功能不全的患者维持生命。然而，随着科学技术的进步，透析液的功能也得到扩展，成为一个补充治疗的平台。血液净化清除尿毒症毒素的机制主要依赖弥散、对流和吸附。尽管现有的血液透析滤过能够清除大部分尿毒症毒素，但是对于蛋白结合型毒素（Protein-bound uremic toxins，PBUTs)作用不甚理想[34]。此类毒素通常为小分子有机阴离子，可分为两类。其中一类是带有芳香族苯环的有机阴离子，在血液循环中主要与血清白蛋白的 site Ⅱ 位点结合，例如，硫酸对甲酚（p-cresyl sulphate，PCS）、硫酸吲哚酚（indoxyl sulphate，IS）、吲哚 - 3 - 乙酸(indole-3-acetic acid，3-IAA)以及马尿酸(hippuric acid，HA)。另一类则以杂环为代表，且负电荷位于分子结构式中央，主要与血清蛋白的 site Ⅰ 位点相结合，例如，3 - 羧基 - 4 - 甲基 - 5 - 丙基 - 2 - 呋喃丙酸（3-carboxy-4-methyl-5-propyl-2-furanpropionic acid，CMPF)[35]。这两类小分子由于与白蛋白结合从而难以通过传统透析方式去除。大量研究已经证实，尿毒症水平的硫酸对甲酚和硫酸吲哚酚可通过介导氧化应激反应、产生大量氧自由基、激活炎症反应途径、抑制抗衰老基因表达等机制损害肾脏和心血管系统，是预测慢性肾脏病患者心血管并发症发生、发展的独立危险因素[36][37][38]（见图 3 - 11、表 3 - 10）。

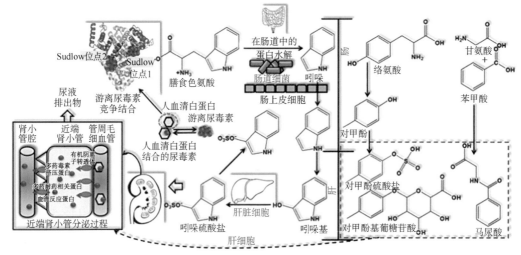

图 3 - 11　蛋白结合型毒素的产生和清除

信息来源：参考文献[39]、蛋壳研究院

表 3-10　蛋白结合型毒素及其毒性作用

PBUTs 类毒素	血清蛋白结合位点	蛋白结合率	生物作用
硫酸对甲酚,pCS	Site Ⅱ	91%—95%	炎症、自由基产生、血管损伤
硫酸吲哚酚,IS	Site Ⅱ	86%—98%	降低肾功能、心血管疾病、甲状腺功能障碍、成骨细胞 PTH 抵抗
吲哚-3-乙酸,3-IAA	Site Ⅱ	86%—94%	影响药物蛋白结合、神经毒性、认知障碍
CMPF	Site Ⅱ	>99%	影响药物蛋白结合、神经毒性、失眠

信息来源:参考文献、蛋壳研究院

　　有效清除蛋白结合型毒素的关键在于破坏毒素分子与蛋白质的结合,并通过血液净化技术将其清除。目前存在两类主要的治疗策略。一种策略是在透析前使用竞争性结合剂,竞争白蛋白与蛋白结合型毒素的结合,从而使蛋白结合型毒素游离或被吸附材料吸附[39][40]。然而,这种治疗模式需要考虑蛋白结合型毒素清除剂对人体的潜在毒性以及终末期肾脏病患者体内清除的问题。另一种策略则是在透析过程中使用具有吸附作用的透析液,从血液中移除蛋白结合型毒素。透析液中的吸附剂能够与蛋白结合型毒素结合并将其带出体外。这种方法在透析过程中实施,可以有效清除蛋白结合型毒素。然而,选择适当的吸附剂是关键,以确保其在高效清除蛋白结合型毒素的同时不会引起额外的毒性或副作用。

　　受到人工肝支持技术中白蛋白透析的启发,上海交通大学医学院附属第九人民医院丁峰教授团队开发了具有蛋白结合型毒素清除功能的透析液。该透析液中加入了具有吸附功能的纳米材料,使得更多位于透析膜附近的脂溶性蛋白结合类毒素被"趋化"至透析液侧并被包封于纳米材料内,从而提高蛋白结合类毒素的清除能力。在制造成本方面,该透析液将比白蛋白透析液更具优势。

(三) 可循环透析液

　　未来的血液透析正在逐渐走向便携化。然而便携式透析设备面临的主要挑战是再生有限量的透析液,以便可以持续用于进一步清除血液中的毒素[41](见图 3-12)。利用尿素

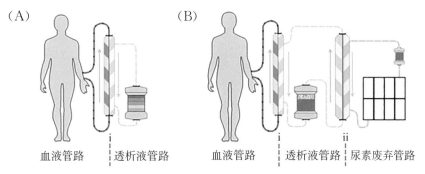

图 3-12　传统 WAK 透析液循环与改进 WAK 透析液循环

信息来源:参考文献、蛋壳研究院

酶将尿素水解为铵和碳酸氢盐,已经实现了尿素的清除和透析液的再生(参见第八章有关透析液再生型设备的介绍)。

第三节　集中供液系统创新

集中供液系统(dialysis centralized liquid supply system, CDS)是一种通过集中输液管道向多台血液透析机同时输送透析用浓缩液/透析液的系统。相比于依靠人力运输桶装A、B浓缩液的单人治疗模式,集中供液系统在节省人力与透析液成本上有极大的优势,并具有提高透析中心空间利用率及工作效率等优点[42]。目前国际上用于血液透析的集中供液系统主要分为两类:浓缩液集中供应系统(central dialysis concentrate supply system, CCDS)和透析液集中供应系统(central dialysis fluid delivery system, CDDS)。

一、浓缩液集中供应系统

浓缩液集中供应系统用于血液透析过程中的浓缩液供应,该系统由浓缩液储存罐、供应管道和控制系统组成(见图3-13)。这类集中供液设备目前广泛应用在欧洲各国及美国、韩国等国家。欧洲一般仅有A浓缩液采用中心供液,B浓缩液多使用碳酸氢盐干粉桶在线溶解的供应方式;在韩国,A、B浓缩液均使用集中供液;部分国家考虑患者个性化透析治疗的需求甚至可提供2种配方的A浓缩液由A1、A2双浓缩液管道输送液体。浓缩液集中供应系统可兼容市售大部分品牌型号的透析机,为我国透析中心常见的集中供液设备。

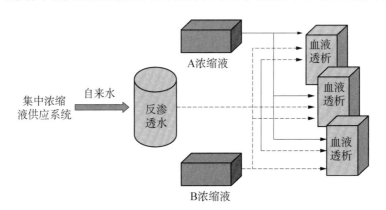

图3-13　浓缩液集中供应系统示意图

信息来源:公开资料、蛋壳研究院

这类集中供液设备在全国各级医院和独立血液透析中心均有使用,结构较简单,一般由单泵搅拌桶、密封储液桶与过滤器构成,主要功能仅为定量给水,搅拌与储存透析浓缩液。部分设备具有电导度监控功能,大多不具备消毒系统。使用时人工投入相应的粉剂,定时搅拌再送至储液桶以供透析机治疗使用。其主要特点是高度依赖人力,自动化程度较低,搅拌桶与输液管道消毒困难。搅拌桶消毒一般分两种:一种依靠设备厂家定期更换消毒灭菌的新搅拌桶内胆,一种由医院工程师使用次氯酸钠等化学消毒剂手动消毒。A浓缩液为酸性,不易生长细菌,消毒频率为7～15天/次,但是使用碳酸氢盐干粉配制的B浓缩液利于细菌生长繁殖,理论上应每日将余液丢弃并在透析结束后进行消毒冲洗,极大地增加了透析中心的工作量。由于消毒系统的不完善,手动消毒时间长且操作繁琐,医院在实际使用中很难达到基本的消毒频率,透析B液供应系统则需每日消毒一次。因而浓缩液集中供应系统在长时间使用后微生物水平堪忧,达标率较低[42]。同时因缺乏电导度监控,浓缩液直接供应透析机治疗,设备的安全性较差。

随着我国透析中心集中供液系统的使用率不断增长,浓缩液集中供应系统也在快速发展。近年来一批新型浓缩液集中供应设备进入市场。这类产品结构更复杂,将浓缩液搅拌、存储、消毒装置集成在一个设备中,一般由罐式或挂袋式自动投粉装置、搅拌桶、储液桶、过滤器与热消毒系统组成。不同于第一代浓缩液集中供应设备,新型设备具有高度自动化、智能化特点。设备消毒系统完善,支持小剂量溶解,这类新型设备大多可同时供应约百台透析机治疗,适合大型透析中心使用。

二、透析液集中供应系统

1967年,透析液集中供应系统引入日本,1969年开始在日本进行国产化,至今已有50多年的发展历史。2012年透析液集中供应系统引入中国,并于2014年获得进口注册。

透析液集中供应系统是由透析液供给装置按照比例配比透析液之后输送到多台血液透析装置,主要由A、B浓缩液搅拌装置、储液桶、透析液供给装置、循环泵单元构成(见图3-14)。

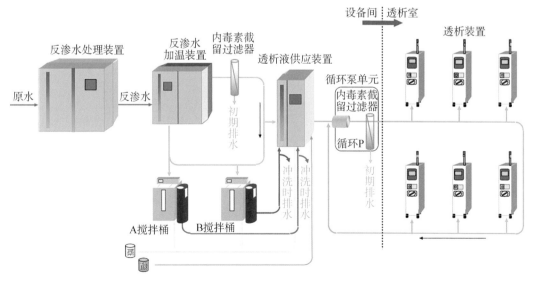

图3-14　透析液集中供应系统示意图

信息来源:公司官网

(一)透析液集中供应系统的透析优势

1. 自动预冲

利用逆过滤原理进行4 000 ml超纯透析液跨膜在线预冲,可以充分打开并湿化透析器膜孔,使透析器内的残留物质达到最低限度,并提高透析器的生物相容性,降低了患者对透析器的过敏反应。预冲过程中,可模拟排气动作,大大减少医护人员工作负荷。相较使用生理盐水,在线超纯透析液预冲可以减少患者钠负荷,同时可以降低科室成本。

2. 自动引血

自动引血可以实现动静脉双向引血和动脉端单向引血。同时可根据患者情况进行个体化操作。如双向引血过程中设备检测到静脉侧无法引血,设备自动切换至动脉单侧引血,可避免护士繁琐的操作。采用动静脉双向引血时,透析管路和透析器中的透析液直接被超滤出,从而避免过多的水分进入患者体内,助力于患者的超滤量管理。

3. 自动补液

通过逆过滤原理,进行跨膜补液。一键式操作、迅速便捷,节省输液器和生理盐水。定量补液有助于患者超滤管理,用超纯透析液替代生理盐水进行补液,可以避免患者因生理盐水钠负荷导致透后大量饮水,有助于患者透后的体重管理。

4. 自动回血

利用逆过滤原理进行跨膜自动双向回血,一键式操作,全自动密闭进行,规避护士双手与患者和机器反复多次交叉接触,减少感染风险。在回血界面上清晰显示回血量和回血时间。有明确的引血量、明确的补液量、明确的回血量,能够助力于患者透析过程中的目标超滤量的管理。回血方式可以切换自动回血和手动回血,自动回血时,提前5～10分钟确认医嘱,透后用药结束后可以切换至自动回血,透析时间或目标超滤时间结束后,设备自动给患者进行回血。在透析结束患者下机时间段可以大大降低护理人员的工作量(见图3-15)。

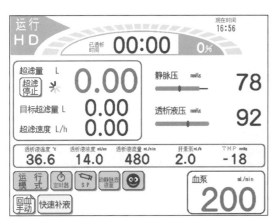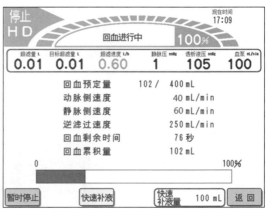

图3-15   自动回血界面

信息来源:公司官网

5. 自动排液

遵循废液排放原则:源头减量。密闭式排空透析器和体外循环管路内的废液,避免废液滴洒,无需废液袋,减少医疗垃圾污染源,控制环境污染,降低医疗垃圾回收处理成本。

(二) 透析液集中供应系统的间歇补充型血液透析滤过治疗模式

间歇补充型血液透析滤过(intermittent infusion hemodiafiltration, IHDF)是透析液集中供应系统独有的透析治疗模式(见图 3-16),使用高通量透析器,在透析液侧产生驱动透析液跨膜的逆压差,使一定量液体从透析液侧向血液侧移动,形成逆过滤补液,并在接下来的一段时间通过超滤回收补液(间断补液,持续回收)。

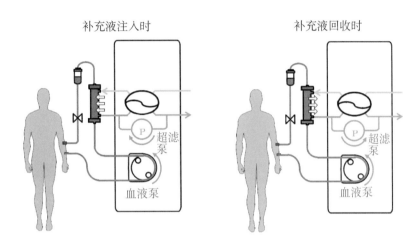

补充液注入时　　　　　　　　　　补充液回收时

图 3-16　间歇补充型血液透析滤过模式示意图

信息来源:公司官网

IHDF 治疗模式对于预防透析低血压症、改善末梢循环障碍、促进血浆再充盈等较有效,适合低营养、透析中血压下降、透析困难、透析期间体重增加较多、末梢循环衰竭的患者和老年患者。一项多中心的临床研究表明,IHDF 可有效改善患者的外周循环,同时提高血浆再充盈率。

IHDF 可间歇性跨膜输注定量的超纯透析液,对透析膜进行反向冲洗,改善膜的通透性,每次输注 100~200 ml 液体,对于滤器内血液起到稀释作用,降低血液黏滞度。IHDF治疗模式可以帮助无肝素透析患者顺利治疗,减少患者血液丢失,节约患者费用,保证透析充分性,同时,也能减轻护士工作量和工作压力。

(三) 产品设计与改良

旁路接头是最常见的污染源,为了规避因死腔或不洁净等引起的微生物滋生,日本JMS 开发了一体式硅胶耦合连接器,耦合器无不锈钢连接器、卡珠等,直接一体耦合,可实现旁路接头无死腔消毒并保持长期无结晶(见图 3-17、图 3-18)。

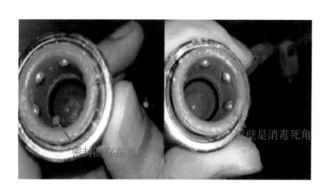

图 3-17 传统带 O 型圈的连接器

信息来源:公司官网

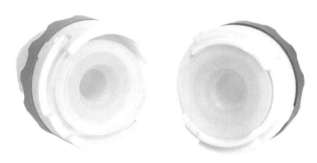

图 3-18 日本 JMS 一体式硅胶耦合连接器

信息来源:公司官网

与传统供液方式相比,透析液集中供应系统进入国内市场较晚,为了更好地解决医院传统透析设备集中供液难题,推出了透析液集中供应+浓缩液集中供应双模式供液解决方案,即一套透析液集中供应系统设备既能连接集中供透析液的透析设备,也能连接传统透析设备实现集中供 A 浓缩液,为科室解决了库房问题并节省了成本(见图 3-19)。

第四节 血液透析用水制备系统创新

在血液透析应用于临床初期,透析用水用来提供代谢废物浓度差,但并没有考虑其存在化学或者生物污染的情况。直到 20 世纪 70 年代早期,人们发现重金属可能导致透析相关的不良反应,例如透析液中铝过量会导致脑病和骨病。除此之外,患者在透析过程中出现的菌血症或致热原反应与透析液中革兰氏阴性菌污染以及内毒素浓度升高相关。由于市政自来水无法满足血液透析需求,因此必须使用专门设计的水处理装置净化后才能使用。另外,透析用水质量标准也得到了发展,多个国家出台了血液透析用水的质量标准并在此基础上持续修订。

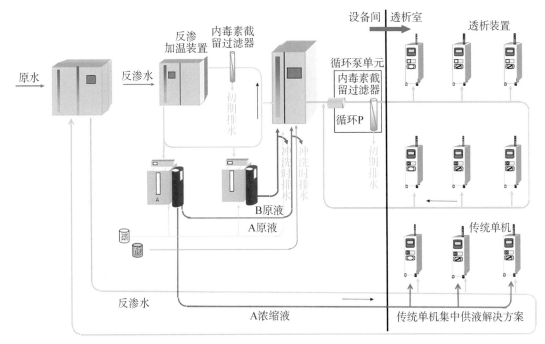

图 3-19　浓缩液集中供应＋透析液集中供应双模式解决方案示意图

信息来源:公司官网

一、透析用水制备系统

透析用水制备系统用于生产透析用水,该系统通常包括三个基础部分:预处理部分、主机(初级部分)和分配系统[43]。预处理部分是水进入主机前的初步处理,主要是为了防止后面一些更敏感的部件被污染或者损坏。这一过程主要包括大颗粒的过滤和沉淀、小颗粒的过滤、离子交换和吸附等。标准的预处理部分包括原水存储罐、加压泵组、多介质过滤器、软水器和活性炭过滤器。而主机(初级部分)的主要过滤手段则是反渗透,利用反渗透膜技术去除无机物、有机物和微生物。进入主机的水经过一次反渗透后,可串联再进行一次反渗透处理,即双级反渗透处理。另外,还可以增加超滤、超微滤、离子交换以及紫外照射等技术手段进行处理。分配系统则是把制备好的透析用水输送至透析机或者其他使用点。目前国内市场上透析用水制备设备主要有德国贝朗(劳铒)、费森尤斯、美国百特、德国DWA 等进口品牌,以及启诚、万洁、天创、佳诚英杰、康德威、中洋潍坊等国产品牌。

二、血液透析用水标准发展现状

针对透析用水,已有国家和国际组织制定了最低质量要求标准(见图 3-20)。ISO23500-3 标准中对透析液中的无机污染物进行了详细说明,并阐明制定该标准的原因。该标准还对透析用水和透析液中的微生物含量做了清晰规定。国际上除了 ISO 标准,还有美国医疗仪器促进协会(association for the advancement of medical instrumentation,

AAMI)体系、欧洲肾脏协会(European renal association，ERA)标准、日本透析医学会(Japan society of dialysis therapy, JSDT)标准等。随着时间推移,这些标准的要求越来越高。我国国家食品和药品监督管理总局于 2015 年 3 月 2 日发布,并于 2017 年 1 月 1 日起开始实施"血液透析和相关治疗用水"行业标准以及"血液透析和相关治疗用浓缩物"行业标准。2023 年底,国家药品监督管理局又对这一标准进行了修订,与旧标准相比,新标准删除了对氯胺、氯、锡 3 种化学污染物最大允许量的要求、增加了对总氯、锑、铍、铊 4 种化学物的最大允许量要求,同时对微生物检测标准也明显提高,要求细菌总量＜100 CFU/ml、内毒素含量(ET)＜0.25 EU/ml,这与欧洲肾脏协会(ERA)标准类似,但与日本透析医学会(JSDT)标准(ET＜0.001 EU/ml)相比还有一定差距。新标准不仅规定了更严格的标准阈值,还要求干预水平是允许水平的 50%,所以在日常质控工作中建议坚持 50%即干预的原则[44]。

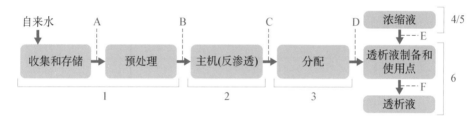

1. 预处理　2. 初级/次级(主机)　3. 分配　4. 浓缩液　5. 缓冲溶液　6. 使用点
A. 饮用水质量:世界卫生组织(WHO)或者其他类似标准
B. 预处理水:去除氯/氯胺并软化(与主要的纯化步骤相对应,部分符合 ISO13959 血液透析和相关治疗用水的标准)
C. 透析水(符合 ISO23500-3 血液透析和相关治疗用水的标准)
D. 透析水(符合 ISO23500-3 血液透析和相关治疗用水的标准)
E. 透析浓缩液(符合 ISO13958 血液透析和相关治疗浓缩液的标准)
F. 透析液(符合 ISO23500-5 血液透析和相关治疗透析液的标准)

图 3-20　透析液生产系统的简化流程和参考适用的质量标准

信息来源:Carlo Boccato, David Evans, Rui Lucena, Jorg Vienken,《水和透析液:质量管理指南》,左力译,北京大学医学出版社,2017.

参考文献

[1] Woods J D, Port F K, Stannard D, et al. Comparison of mortality with home hemodialysis and center hemodialysis: a national study. [J]. Kidney International, 1996,49(5):1464-1470.

[2] Aatif, Hassani, Alayoud, et al. Quantification of hemodialysis dose: What Kt/V to choose? [J]. The International journal of artificial organs, 2014,37(1):29-38.

[3] Ahrenholz P, Taborsky P, Bohling M, et al. Determination of Dialysis Dose: A Clinical Comparison of Methods. [J]. Blood Purif, 2011,32(4):271-277.

[4] Ross, Edward, A, et al. Interventions to improve hemodialysis adequacy: protocols based on real-time monitoring of dialysate solute clearance [J]. Clinical kidney journal, 2018,11(3):394-399.

［5］ Arund, Jürgen, Tanner R, Uhlin F, et al. Do Only Small Uremic Toxins, Chromophores, Contribute to the Online Dialysis Dose Monitoring by UV Absorbance? ［J］. Toxins, 2012,4(10).

［6］ Marshall M R, Santamaria P, Collins J F. Biostat 1000 and Daugirdas blood-based hemodialysis quantification: Agreement and reproducibility ［J］. american journal of kidney diseases, 1998,31(6): 0 - 1018.

［7］ Dill D B, Costill D L. Calculation of percentage changes in volumes of blood, plasma, and red cells in dehydration. ［J］. J. Appl. Physiol, 1974,37(2):247 - 248.

［8］ Van Beaumont W. Evaluation of hemoconcentration from hematocrit measurements. ［J］. J. Appl. Physiol, 1972,32(5):712 - 3.

［9］ Stopper, Andrea, Barbieri, et al. A new machine learning approach for predicting the response to anemia treatment in a large cohort of End Stage Renal Disease patients undergoing dialysis ［J］. Computers in Biology & Medicine, 2015.

［10］ Barbieri C, Molina M, Ponce P, et al. An international observational study suggests that artificial intelligence for clinical decision support optimizes anemia management in hemodialysis patients. ［J］. Kidney International, 2016:422 - 429.

［11］ Wang Y F, Hu T M, Wu C C, et al. Prediction of target range of intact parathyroid hormone in hemodialysis patients with artificial neural network ［J］. Computer Methods & Programs in Biomedicine, 2006,83(2):111 - 119.

［12］ Smith B P, Ward R A, Brier M E. Prediction of Anticoagulation During Hemodialysis by Population Kinetics and an Artificial Neural Network ［J］. Artificial Organs, 2010,22(9):731 - 739.

［13］ TWISS EE. ONE-CANNULA HAEMODIALYSIS ［J］. Lancet, 1964,2(7369):1106.

［14］ Bieser, Wolfgang, Welsch, et al. Effectiveness of a New Single-Needle Single-Pump Dialysis System with Simultaneous Monitoring of Dialysis Dose ［J］. Artificial Organs, 2018,42(8):814 - 823.

［15］ Idris A, Yet L K. The effect of different molecular weight PEG additives on cellulose acetate asymmetric dialysis membrane performance ［J］. Journal of Membrane Science, 2006,280(1 - 2): 920 - 927.

［16］ Zhang Z, Yang T, Li Y, Li J, Yang Q, Wang L, Jiang L, Su B. Effects of Expanded Hemodialysis with Medium Cut-Off Membranes on Maintenance Hemodialysis Patients: A Review ［J］. Membranes (Basel), 2022,12(3):253.

［17］ Maduell F, Moreso F, Pons M, et al. High-efficiency postdilution online hemodiafiltration reduces all-cause mortality in hemodialysis patients. ［J］. Journal of the American Society of Nephrology Jasn, 2013,24(3):487 - 497.

［18］ Blankestijn PJ, Vernooij RWM, Hockham C, Strippoli GFM, Canaud B, Hegbrant J, Barth C, Covic A, Cromm K, Cucui A, Davenport A, Rose M, Török M, Woodward M, Bots ML, CONVINCE Scientific Committee Investigators. Effect of Hemodiafiltration or Hemodialysis on Mortality in Kidney Failure ［J］. N Engl J Med, 2023,389(8):700 - 709.

［19］ Grooteman M P, Ma V D D, Bots M L, et al. Effect of online hemodiafiltration on all-cause mortality and cardiovascular outcomes. ［J］. Journal of the American Society of Nephrology, 2012,23 (6):1087 - 1096.

［20］ E, Ok, G, et al. Mortality and cardiovascular events in online haemodiafiltration (OL - HDF) compared with high-flux dialysis: results from the Turkish OL - HDF Study ［J］. Nephrology Dialysis Transplantation, 2012.

［21］ Maduell F, Moreso F, Pons M, et al. High-efficiency postdilution online hemodiafiltration reduces all-cause mortality in hemodialysis patients. [J]. Journal of the American Society of Nephrology Jasn, 2013,24(3):487 - 497.

[22] Morena M, Jaussent A, Chalabi L, et al. Treatment tolerance and patient-reported outcomes favor online hemodiafiltration compared tohigh-fluxhemodialysis in the elderly [J]. Kidney International, 2018,91(6):1495 - 1509.

[23] Sevinc M, Hasbal N B, Yilmaz V, et al. Comparison of Circulating Levels of Uremic Toxins in Hemodialysis Patients Treated with Medium Cut-Off Membranes and High-Flux Membranes: Theranova in Sisli Hamidiye Etfal (THE SHE) Randomized Control Study [J]. Blood purification, 2020(6):49.

[24] Bunch A, Ricardo Sánchez, Sanabria M, et al. Medium Cut-off Dialyzers in a Large Population of Hemodialysis Patients in Colombia: COREXH Registry [J]. Medium cut-off dialyzers in a large population of hemodialysis patients in Colombia: COREXH registry. Ther Apher Dial. 2021,25(1): 33 - 43.

[25] Tiong M K, Krishnasamy R, Smith E R, et al. Effect of a medium cut-off dialyzer on protein-bound uremic toxins and mineral metabolism markers in patients on hemodialysis [J]. Hemodialysis International, 2021(3).

[26] Maduell F, Rodas L, José Jesus. Broseta, et al. Medium Cut-Off Dialyzer versus Eight Hemodiafiltration Dialyzers: Comparison Using a Global Removal Score [J]. Blood purification, 2019,48(2):167 - 174.

[27] Kidambi PR, Jang D, Idrobo JC, Boutilier MSH, Wang L, Kong J, Karnik R. Nanoporous Atomically Thin Graphene Membranes for Desalting and Dialysis Applications [J]. Advanced materials, 2017,29(33).

[28] Facui, Yang, Fei, et al. Self-assembled membrane composed of amyloid-like proteins for efficient size-selective molecular separation and dialysis. [J]. Nature Communications, 2018.

[29] 赵田,于洋,李英. 超纯透析液在血液净化治疗中的应用[J].中国血液净化,2017,16(6):4.

[30] Lonnemann G, Koch KM. Beta(2)—microglobulin amyloidosis: effects of ultrapure dialysate and type of dialyzer membrane [J]. J Am Soc Nephrol. 2002,13 Suppl 1:S72 - S77.

[31] Daugirdas J. Dialysis hypotension: a hemodynamic analysis. [J]. Kidney international, 1991,39 2: 233 - 46.

[32] 李晓璐,许焱,史振伟. 枸橼酸盐透析液的临床研究进展[J].中国血液净化,2016(8):3.

[33] Lorenzo A, Claudio M, Barbara L, et al. Citrate-vs. acetate-based dialysate in bicarbonate haemodialysis: consequences on haemodynamics, coagulation, acid-base status, and electrolytes [J]. BMC Nephrology, 2009,10(1):1 - 11.

[34] Tammy, L, Sirich, et al. Prominent accumulation in hemodialysis patients of solutes normally cleared by tubular secretion. [J]. Journal of the American Society of Nephrology Jasn, 2014.

[35] Vanholder R, Schepers E, Pletinck A, et al. An update on protein-bound uremic retention solutes. [J]. J Ren Nutr, 2012,22(1):90 - 94.

[36] Lekawanvijit S, Kompa A R, Wang B H, et al. Cardiorenal Syndrome: The Emerging Role of Protein-Bound Uremic Toxins [J]. Circulation Research, 2012,111(11):1470 - 1483.

[37] Noémie, Jourde-Chiche, Laetitia, et al. Vascular Incompetence in Dialysis Patients-Protein-Bound Uremic Toxins and Endothelial Dysfunction [J]. Seminars in Dialysis, 2011,24(3):327 - 337.

[38] Glorieux G, Vanholder R. New Uremic Toxins—Which Solutes Should Be Removed? [J]. Contributions to Nephrology, 2011,168:117.

［39］ Daneshamouz S, Eduok U, Abdelrasoul A, et al. Protein-bound uremic toxins (PBUTs) in chronic kidney disease (CKD) patients: Production pathway, challenges and recent advances in renal PBUTs clearance ［J］. NanoImpact, 2021, 21(4):100299.

［40］ Tao X, Thijssen S, Kotanko P, et al. Improved dialytic removal of protein-bound uraemic toxins with use of albumin binding competitors: an in vitro human whole blood study ［J］. Rep, 2016, 6:23389.

［41］ Shao G, Himmelfarb J, Hinds B J. Strategies for optimizing urea removal to enable portable kidney dialysis: A reappraisal ［J］. Artificial Organs, 2022(6):46.

［42］ Kawanishi H, Moriishi M, Sato T, Taoka M. Fully automated dialysis system based on the central dialysis fluid delivery system ［J］. Blood Purif, 2009, 27 Suppl 1:56 - 63.

［43］ Carlo Boccato, David Evans, Rui Lucena, Jorg Vienken.水和透析液:质量管理指南［M］.左力,译.北京:北京大学出版社,2017.

［44］ 祝荣文,杨亦彬,刘永等.常规内毒素检测对降低血液透析治疗风险的临床价值［J］.中国血液净化,2015(9):3.

第四章

腹膜透析领域创新

腹膜透析是利用人体腹膜作为半透膜,以腹腔作为交换空间,通过弥散和对流作用,清除体内过多水分、代谢产物和毒素,达到血液净化、部分替代肾脏功能的治疗技术。

腹膜透析的发展经历了 3 个阶段:临床探索期、快速推广期、成熟发展期。

临床探索期:20 世纪 60 年代以前,腹膜透析在腹膜透析管路、透析液成分、透析设备等方面经历了漫长的探索期。

快速推广期:20 世纪 70 年代至 20 世纪 90 年代。20 世纪 70 年代前后出现了基于硅橡胶材料的生物相容性好的 Tenckhoff 导管和不可分离的 Y 形连接装置,1976 年 Popovich 和 Moncref 提出持续不卧床腹膜透析。此后,持续不卧床腹膜透析的患者迅速增多,腹膜透析在临床得到快速推广。

成熟发展期:20 世纪 90 年代之后,腹膜透析逐渐步入成熟发展期。该阶段,围绕提高患者依从性、控制腹膜炎、优化透析质量等关键目标,在人工智能、移动互联网、电子工程等技术快速进步背景下,相关创新优化仍在持续,包括新型腹膜透析液、远程患者管理系统以及腹膜炎早期监测系统的创新等。

第一节　新型腹膜透析液

腹膜透析液(peritoneal dialysis solution, PDS)是腹膜透析的重要组成部分,主要成分为渗透剂、缓冲剂、电解质。其中,渗透剂用来提供溶质浓度梯度及渗透梯度,产生超滤作用;缓冲剂用来在透析过程中维持患者酸碱平衡;电解质用来纠正电解质紊乱、提高毒素清除功能并为患者提供额外营养。

腹膜透析液应符合以下基本要求:①电解质成分与正常人血浆成分相近;②缓冲液(如醋酸盐、乳酸盐、碳酸氢盐)用于纠正机体的酸中毒;③无菌、无毒、无致热原;④生物相容性良好。⑤允许加入适当的药物以满足不同病情的需要。

理想的腹膜透析液还应该满足以下要求:pH 值在生理范围附近;渗透剂不易吸收;以碳酸氢盐为缓冲剂;可提供部分营养物质;葡萄糖降解产物少。

目前,以葡萄糖为渗透剂,以乳酸盐作为缓冲剂,并添加了一定浓度钠、钙、镁离子的腹膜透析液是最广泛应用的腹膜透析液方案(具体成分见表 4-1),被称为传统腹膜透析液。

表 4-1　葡萄糖腹膜透析液成分

	葡萄糖腹膜透析液		
	1.5%	2.5%	4.25%
Na(mmol/L)	132	132	132
Cl(mmol/L)	96	96	96

（续表）

	葡萄糖腹膜透析液		
	1.5%	2.5%	4.25%
Ca（mmol/L）	1.75	1.75	1.75
Mg（mmol/L）	0.25	0.25	0.25
乳酸盐（mmol/L）	40	40	40
碳酸氢盐（mmol/L）	—	—	—
pH 值	5.2	5.2	5.2
渗透压（mOsm/L）	346	396	485
葡萄糖降解产物（GDPs）含量	＋	＋＋	＋＋＋

信息来源：腹膜透析标准操作规程

　　传统腹膜透析液中葡萄糖（分子量为 180 Da）浓度分别为 1.5%、2.5%、4.25%，晶体渗透压通常在 346～485 mOsm/L，pH 值一般小于 5.5。传统腹膜透析液中的葡萄糖易被毛细血管吸收，一方面会导致腹膜透析液渗透压快速下降，从而减少腹膜透析超滤量，另一方面可能会造成葡萄糖的过量摄入，连续性不卧床腹膜透析患者每日葡萄糖总吸收量为 100～200 g[1]，进而引起肥胖、胰岛素抵抗、高脂血症等代谢疾病。此外，传统腹膜透析液的高浓度葡萄糖、高葡萄糖降解产物、高糖基化终产物、低 pH 值是导致腹膜透析液生物不相容性的主要因素，会引起灌入疼痛、腹膜间皮细胞形态学损伤、腹膜纤维化、超滤衰竭，最终导致技术失败[2]。

　　为解决前述问题，通过调整腹膜透析液成分和包装方式，新型腹膜透析液相继面世。目前，新型腹膜透析液根据渗透剂或缓冲剂的成分差异，可分为艾考糊精腹膜透析液、氨基酸腹膜透析液以及碳酸氢盐腹膜透析液三大类（见表 4-2）。

表 4-2　四类主流腹膜透析液的主要特征

特征	葡萄糖腹膜透析液	碳酸氢盐腹膜透析液	艾考糊精腹膜透析液	氨基酸腹膜透析液
渗透剂	葡萄糖	葡萄糖	艾考糊精	氨基酸
渗透剂分子量	180 Da	180 Da	13 000～19 000 Da	—
晶体渗透压	346～485 mOsm/L	346～485 mOsm/L	282～286 mOsm/L	365 mOsm/L
胶体渗透压	—	—	58 mmHg*	—
缓冲剂	乳酸盐	乳酸盐＋碳酸氢盐	乳酸盐	乳酸盐
PH 值	小于 5.5	6.3～7.3	5～6	5.5～7.0
是否含葡萄糖	含有	含有	不含	不含
留腹时长	4～6 小时	4～6 小时	8～16 小时	—

资料来源：公开信息整理

一、艾考糊精腹膜透析液

艾考糊精腹膜透析液以艾考糊精为渗透剂,浓度为 7.5%,不含葡萄糖,以乳酸盐作为调节剂,pH 值 5～6。艾考糊精是一种从淀粉中提取的葡萄糖聚合物,质量平均相对分子量为 13 000～19 000 道尔顿,数量平均分子量为 5 000～6 500 道尔顿。

艾考糊精腹膜透析液具有超滤能力强、生物相容性高等优势,可有效降低技术失败率,改善葡萄糖和脂质代谢,减少心血管事件的发生。

第一,超滤能力强。艾考糊精腹膜透析液通过形成胶体渗透压(理论渗透压为 282～286 mOsm/L)发挥作用,其超滤效应不依赖水通道,不存在钠筛作用,超滤能力相当于 3.86% 或 4.25% 的葡萄糖腹膜透析液;且艾考糊精降解缓慢,难以被腹膜直接吸收,可维持净超滤达 16 小时。[3][5]一项随机对照试验研究表明,相比于基线水平,艾考糊精腹膜透析液增加液体清除量约 256 ml($P<0.001$),降低容量负荷,增加尿素氮(306.43＋53.31 ml/12 h,$P<0.01$)、肌酐(428.02＋53.14 ml/12 h, $P<0.01$)等溶质清除[4](见图 4-1)。

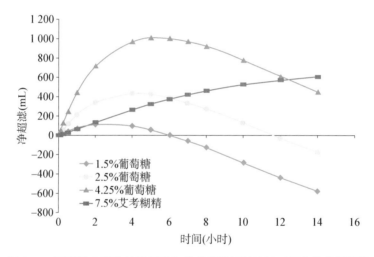

图 4-1 不同浓度葡萄糖透析液与艾考糊精透析液随时间变化的超滤量

图片来源:参考文献[5]

第二,保护腹膜功能。艾考糊精腹膜透析液不含葡萄糖,更具生物相容性,能改善腹膜损伤和纤维化等问题,利于保护腹膜功能,从而降低腹膜透析技术失败风险。研究显示,艾考糊精腹膜透析液可使技术失败风险降低 38%。

第三,改善葡萄糖和脂质代谢。艾考糊精腹膜透析液使平均每日葡萄糖暴露量降低约 45 g,吸收量减少约 42 g,从而减少高血糖和血脂异常问题。一项为期 12 个月的随机对照试验显示[6],相较于使用葡萄糖腹膜透析液的患者,使用艾考糊精腹膜透析液的患者对于葡萄糖的吸收更少(−17±44 g/d vs −64±35 g/d),对于胰岛素的需求更低(3.6±3.4 U/d vs −9.1±4.7 U/d,$P<0.01$),糖化血红蛋白更低(0.79%±0.79% vs −0.98%±0.51%,$P<0.01$)。同时,另一项纳入 13 个关于艾考糊精腹膜透析液脂质代谢能力研究的 Meta 分

析[7]显示,在透析持续时间超过 6 个月的患者亚组中,艾考糊精组的总胆固醇和甘油三酯水平较低。

第四,降低心血管事件。由于具备更强的超滤能力、更少的葡萄糖吸收和晚期糖基化终产物等特性,艾考糊精腹膜透析液有助于改善左心室肥厚,减少异常脂肪分布,最终降低心血管相关事件,降低死亡率。研究显示,使用艾考糊精腹膜透析液可以有效改善左心室质量指数,保持射血分数[8],充血性心衰发生风险显著降低 33%[9],死亡风险降低 45%($P<0.001$)[10]。

1997 年,艾考糊精腹膜透析液由美国百特率先在欧洲推出,目前已经在 88 个国家及地区推广使用。2021 年 8 月,艾考糊精腹膜透析液在中国获批上市,2023 年 3 月 1 日纳入医保。

二、氨基酸腹膜透析液

氨基酸腹膜透析液以 1.1% 的氨基酸(如组氨酸、缬氨酸、异亮氨酸、丙氨酸、亮氨酸、精氨酸、赖氨酸、甘氨酸、蛋氨酸、脯氨酸、苯丙氨酸、丝氨酸等)为渗透剂,乳酸盐为缓冲剂,pH值约 6.2,透析液中不含葡萄糖。

氨基酸腹膜透析液主要优势在于经腹腔补充氨基酸,改善患者营养状态,低 GDPs 也有利于更好地保护腹膜功能。以氨基酸替代葡萄糖作为渗透剂,可减少对腹膜的损害、纠正钙磷代谢紊乱、改善患者的营养状态,为营养不良和糖尿病慢性肾衰竭患者提供更具临床优势的解决方案。

研究显示,经 3 个月随访,氨基酸腹膜透析液组血清白蛋白、前白蛋白、转铁蛋白呈明显上升而后保持稳定,标准蛋白氮分解率(nPNA)、瘦体重、前臂肌围保持稳定,而对照组上述指标均逐渐下降。

氨基酸腹膜透析液不足之处在于氨基酸可经腹腔吸收,因此维持超滤时间较短,还可导致代谢性酸中毒,需常规使用碱性药物,大剂量使用氨基酸腹膜透析液可引起明显的消化道反应,抑制食欲,增加氮质负荷。当腹膜透析患者合并腹膜炎时,氨基酸腹膜透析液成为细菌生长良好的培养基,因此不建议将其应用于腹膜炎患者。目前研究肯定氨基酸腹膜透析液在改善蛋白质代谢等营养指标方面的作用,但尚未发现可改善生存率[11]。

全球上市的第一款氨基酸腹膜透析液是美国百特的 Nutrineal TM(1993 年首次上市)。2021 年,国内上市了 4 款氨基酸腹膜透析液,分别来自天津金耀药业有限公司(1 款)、四川科伦药业股份有限公司(2 款)、山东威高药业股份有限公司(1 款)。

三、碳酸氢盐腹膜透析液

已上市的碳酸氢盐腹膜透析液为乳酸盐＋碳酸氢盐(各厂家配比不同)或乳酸盐(需加入适量氢氧化钠调节 pH 值)组成,渗透剂仍为葡萄糖。碳酸氢盐腹膜透析液 pH 值为6.3～7.4,接近中性,更具生物相容性。

在袋型设计上,碳酸氢盐腹透液采用双室袋设计(见图 4-2),将缓冲剂与葡萄糖渗透剂与电解质/缓冲剂分开储存,灌注前先加热透析液,后打开中间隔膜(虚焊),混合后再开始换液操作。双室袋设计可极大减少GDPs在加热和保存过程中的产生,研究显示双室袋葡萄糖腹膜透析液在26周储存时间内产生约$142.4\pm3.0\,\mu M$ GDPs,与传统单室袋$519.1\pm13.1\,\mu M$ GDPs相比,减少近75%[12]。

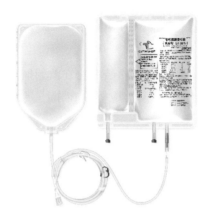

图4-2 碳酸氢盐腹透液双室袋

资料来源:公开资料整理

大量研究证实了碳酸氢盐腹膜透析液对于患者腹膜、残肾功能的保护作用。日本在24例透析4.5年的成人腹膜透析患者中同样发现使用碳酸氢盐腹透液的患者腹膜AGEs蓄积、上皮细胞下增厚和血管再生的程度更轻[13]。Cho等[14]针对生物相容性腹透液进行一项Meta分析(该研究纳入了15个随机对照试验,共835例患者),结果显示当随访时间超过12个月时,中性pH值-低GDP腹透液组患者可以更好地保护残余肾功能。

然而,仍有研究指出使用中性pH-低GDP腹膜透析液的腹透患者仍可观察到显著的腹膜损伤,这表明透析液中的高葡萄糖含量(超滤需要)是腹膜透析患者随时间发生腹膜变化的罪魁祸首[15]。

截至目前,碳酸氢盐腹膜透析液已在40多个国家中被广泛使用。已上市的碳酸氢盐腹膜透析液有Physioneal(美国百特)、Balance bicaVera(费森尤斯)和Gambrosol Trio(瑞典金宝·路迪纳公司)等。2022年8月,我国威高泰尔茂研发的碳酸氢盐腹膜透析液获得国家药品监督管理局批准上市(威高泰尔茂此次获批的碳酸氢盐腹膜透析液共有6个品种规格),并于12月正式投入市场。

四、其他腹膜透析液

理想的腹膜透析液应没有明显的毒性,其代谢产物不会带来不良反应,pH中性,具有适应腹膜透析持续治疗的电解质组分,并包含具有保护性的添加成分。有关腹膜透析液的组成方案仍在探索开发,其中进展较快的有丙氨酰谷氨酰胺腹膜透析液、左旋肉碱和木糖醇腹膜透析液等。

（一）丙氨酰谷氨酰胺腹膜透析液

丙氨酰谷氨酰胺是可以补充谷氨酰胺的肠外营养剂，在体内分解为谷氨酰胺和丙氨酸，把丙氨酰谷氨酰胺加入非肠道营养液中可减少重症患者的感染率并缩短住院时间。Kratochwill 等发现丙氨酰谷氨酰胺加入到腹膜透析液中可以恢复细胞保护性应激蛋白组，从而提高上皮细胞对腹膜透析液的抵抗能力[16]。奥地利 1 项 8 个中心共 41 例患者参与的随机对照双盲试验发现，与中性 PH-低 GDPs 的腹膜透析液相比，丙氨酰谷氨酰胺腹膜透析液可以减少蛋白的丢失，体外试验可刺激 IL-6 的产生、增加 TNF-α 的释放，减少全身 IL-8 的水平，改善内皮细胞的状态，提高腹膜透析患者自身免疫能力，且未观察到不良反应[17]，但需要以临床硬终点事件为结局的Ⅲ期临床试验验证。

（二）左旋肉碱和木糖醇腹膜透析液

在腹膜透析液中使用渗透代谢药物是一种拮抗葡萄糖相关毒性的新方法[15]。左旋肉碱和木糖醇是两种这样的候选药物代表。左旋肉碱（分子量 161.2 Da）在水溶液中具有高度的水溶性和化学稳定性[18]。研究表明，左旋肉碱能作为腹膜透析液中的高效渗透剂，并且它还增强了连续性不卧床腹膜透析患者的胰岛素敏感性[19]。木糖醇（分子量 151.2 Da）是另一种渗透代谢物，是一种五碳糖醇戊醇，通过 D-木酮糖的还原而制造。一项临床试验[20]使用 D-木糖醇作为唯一渗透剂治疗了 6 名进行连续性不卧床腹膜透析的胰岛素依赖型糖尿病患者至少 5 个月（腹膜透析溶液每天与 1.5％木糖醇腹膜透析液交换三次，与 3％木糖醇腹膜透析液交换一次），结果显示含木糖醇的腹膜透析液被证明可以维持腹膜超滤功能，并显著增强患者的血糖控制（外源性胰岛素剂量减半，而糖化血红蛋白显著降低）。Carmela Rago 等主导的连续性不卧床腹膜透析患者中使用基于渗透代谢剂的腹膜透析溶液的首次临床试验的初步结果显示，连续 4 周在腹膜透析液中使用左旋肉碱和木糖醇被证明对所有患者都是安全且耐受性良好的[21]。

另外，麦芽糖、1.4％甘油、3.5％牛磺酸、高支化聚甘油（hyperbranched polyglycerol，HPG）等也可作为腹膜透析液的渗透剂，但这些新型腹膜透析液还没有临床研究的证据，需要进一步研究证实其安全性、有效性。

第二节　远程患者管理系统

腹膜透析远程患者管理系统（remote patient monitoring，RPM）是一种基于移动互联网技术、智能监测模块和软件工具，实现对患者家庭腹膜透析情况持续追踪并辅助医患进行疾病管理的系统。

通常情况下，腹膜透析远程患者管理系统可分为四大部分：①添加了传感装置、数据监控、调制解调器、网卡等上网和数据传输等模块的自动腹膜透析设备或其他装置；②配套了患教功能、在线沟通、患者自我报告等功能的 APP 或小程序,具备数据收集、分析、审阅、辅助决策功能医生端软件;③构建基于云的患者数据处理平台;④可自动将健康信息上传至患者 APP 或小程序的外围设备,比如血压仪、体重秤(见图 4-3)。

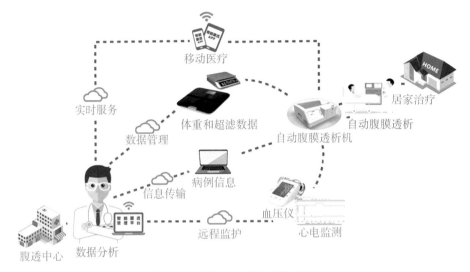

图 4-3　远程患者管理系统示意图

图片来源:自动化腹膜透析中国专家共识

　　理想中的远程患者管理系统集成了信息管理、处方调整、数据传输、自动分析、在线监测等功能,能够满足患者居家治疗时远程监控和及时指导的需求,使居家腹膜透析治疗更加智能、安全、精准、高效,有利于提高患者依从性。

　　临床已经证实,远程患者管理系统的应用可以极大改善临床终点,提高患者获益。一项回顾性队列研究结果显示,远程患者管理模式可以帮助早期发现和解决问题,改善腹膜透析患者的临床结局,减少了患者(尤其是合并症评分较高的患者)与肾脏病相关的急诊就诊和住院治疗,节省诊疗时间和成本,提升患者对护理的接受度和满意度[22]。一项纳入墨西哥 11 家医院的 815 例腹膜透析患者的随机对照试验显示,联合使用 Sharesource(美国百特的远程患者管理系统)的自动腹膜透析与单独自动腹膜透析相比,可改善患者心血管死亡(P=0.03)及全因死亡风险(P=0.01),改善患者生存,同时延缓首次发生不良反应的时间[23]。

　　当前,患者管理系统已经成为提升患者腹膜透析依从性的主要创新方向之一。国内外主流的腹膜透析设备厂商均推出了腹膜透析患者管理系统,如美国百特的 Sharesource,费森尤斯的 Patient OnLine Tool,国内创新企业韦睿医疗的"数字赋能居家透析治疗系统及多元信息管理平台"。远程患者管理不仅适用于自动腹膜透析患者,还适用于连续非卧床腹膜透析患者。2018 年,美国百特推出了百透佳一体式腹膜透析液袋加温仪,该装置可引导患者进行操作,记录和储存腹膜透析过程中的相关数据,并将数据自动传输至百透佳患者手机 APP 和医护远程管理平台(见表 4-3)。

表4-3 已上市的远程腹膜透析患者管理系统

公司名称	系统名称	首次上市时间	配套设备
百特	Sharesource	2016	Homechoice CLARIA、百透佳一体式腹膜透析液袋加温仪
费森尤斯	Patient On Line	—	Sleep Safe Harmony
韦睿医疗	数字赋能居家透析治疗系统及多元信息管理平台		EZ Pure 1000

信息来源:公开信息

第三节 腹膜感染早期监测系统

腹膜感染早期监测系统致力于及早发现腹膜感染问题,以提供及时干预,从而避免腹膜炎持续进展,进而减轻腹膜炎对腹膜的损伤,减少住院,降低治疗费用。腹膜炎患者通常表现为流出液混浊和腹痛。

近几年,腹膜炎的早期诊断技术层出不穷,包括白细胞酯酶试纸,生物标志物的检测(基质金属蛋白酶-8和-9,中性粒细胞明胶酶相关的载脂蛋白和降钙素原)、细菌来源的DNA片段的聚合酶链式反应(PCR)、16S rRNA基因测序、基质辅助激光解析电离飞行时间(matrix-assisted laser desorption ionization time-of-flight mass spectrometry,MALDITOF)和特定病原体的"免疫指纹"。根据技术成熟度、成本及小型化可行性,目前已经成功上市的适用于家庭腹膜炎早期监测的产品主要是白细胞酯酶试纸、生物标志物检测以及光学传感器技术三种方式。其中,基于光学传感器技术的腹膜感染早期监测系统具有数据的自动采集、分析、传输等能力,可实现腹膜炎的持续监测,是居家腹膜炎早期监测创新技术方向,代表产品包括 Detact Diagnostics 的 RenoTact、CloudCath Inc. 的 CloudCath 系统、MicroBioSensor 的 QuickCheck(见表4-4)。

表4-4 腹膜炎早期监测产品(部分)

公司名称	产品名称	产品图片	技术路线
Detact Diagnostics	RenoTact		光学传感器技术(靶标中存在肽分子释放的近红外荧光信号监测技术)

(续表)

公司名称	产品名称	产品图片	技术路线
Cloudcath Inc.	Cloudcath		光学传感器技术(透析流出液浊度分析)
MicroBioSensor	QuickCheck		光学传感器技术(白细胞水平快速检测)

资料来源:公开信息整理

在技术路线方面,RenoTact 通过检测靶标中存在肽(分子)释放的近红外荧光信号来检测病原体或污染蛋白酶,CloudCath 通过监测透析流出液浊度分析腹膜感染情况,而 QuickCheck 可实现对透析流出液的白细胞水平快速检测,当白细胞计数大于 $100/\mu L$ 时即提示患者感染风险。在产品效果方面,CloudCath 已完成了自 65 名患者的 983 份标本(其中包括来自腹膜炎患者的 105 份样本和来自无腹膜炎患者的 878 份样本)的检测研究。结果显示,CloudCath 未经调整的敏感性和特异性分别是 95.2% 和 91.5%。在商业进度层面,Detact Diagnostics 和 QuickCheck 仍处于研究阶段,而 CloudCath 系统在 2022 年 2 月 15 日获得了美国食品药品监督管理局 510(k)批准。

参考文献

[1] 陈香美.腹膜透析标准操作规程[M].人民军医出版社,2010.

[2] Nolph K. Peritoneal Membrane Injury and Peritoneal Dialysis [J]. Journal of Postgraduate Medicine, 1994,40(3):151-7.

[3] 郭红霞,唐雯.新型腹膜透析液的研究进展[J].中国血液净化,2020,19(6).

[4] 艾考糊精腹透液全国多中心临床试验组.艾考糊精腹透液单袋长时间留腹治疗连续性非卧床腹膜透析患者的安全性和有效性[J].中华肾脏病杂志,2008,24(2):80-85.

[5] Paniagua R, Ventura M-J, Ávila-Díaz M, et al. Icodextrin Improves Metabolic and Fluid Management in High and High-Average Transport Diabetic Patients. Peritoneal Dialysis International. 2009,29(4):422-432.

[6] Ramón Paniagua, María-de-Jesús Ventura, Marcela Avila-Díaz, et al. Icodextrin improves metabolic and fluid management in high and high-average transport diabetic patients. [J]. Peritoneal Dialysis International Journal of the International Society for Peritoneal Dialysis, 2009,29(4):422.

［7］ Yan-Feng, Huang, Da-Jian, et al. Biphasic Regulation of Lipid Metabolism: A Meta-Analysis of Icodextrin in Peritoneal Dialysis. ［J］. Biomed Research International, 2015.

［8］ Oba I, Shinozaki M, Harada K, et al. Icodextrin-based continuous ambulatory peritoneal dialysis therapy effectively reduces left ventricular mass index and protects cardiac function in patients with end-stage renal disease［J］. Adv Perit Dial, 2013, 29:14 - 18.

［9］ I-Kuan Wang, et al. Icodextrin reduces the risk of congestive heart failure in peritoneal dialysis patients. Pharmacoepidemiol Drug Saf. 2018, 27(4):447 - 452.

［10］ I-Kuan W et, al. Analysis of technique and patient survival over time in patients undergoing peritoneal dialysis. Int Urol Nephrol. 2016, 48:1177 - 1185.

［11］ Li FK, Chan LY, Woo JC, et al. A 3-year, prospective randomized, controlled study on amino acid dialysate in patients on CAPD. Am J Kidney Dis, 2003, 42(1):173 - 183.

［12］ Gensberger-Reigl S, et al. Degradation and de novo formation of nine major glucose degradation products during storage of peritoneal dialysis fluids. Sci Rep. 2022 Mar 11; 12(1):426.

［13］ Hamada C, Honda K, Kawanishi K, et al. Morphological characteristics in peritoneum in patients with neutral peritoneal dialysis solution ［J］. J Artif Organs, 2015, 18(3):243 - 250.

［14］ Htay Htay, David W Johnson, Kathryn J Wiggins, Sunil V Badve, Jonathan C Craig, Giovanni Fm Strippoli, Yeoungjee Cho. Biocompatible dialysis fluids for peritoneal dialysis. Cochrane Database Syst Rev. 2018; 10(10): CD007554.

［15］ Bonomini M, Zammit V, Divino-Filho JC, et al. The osmo-metabolic approach: a novel and tantalizing glucose-sparing strategy in peritoneal dialysis. J Nephrol. 2021; 34(2):503 - 519.

［16］ Kratochwill K, Boehm M, Herzog R, et al. Alanyl-gluta mine dipeptide restores the cytoprotective stress proteome of mesothelial cells exposed to peritoneal dialysis fluids ［J］. Nephrol Dial Transpl, 2012, 27(3):937 - 946.

［17］ Ferrantelli E, Liappas G, Vila Cuenca M, et al. The dipeptide alanyl-glutamine ameliorates peritoneal fibrosis and attenuates IL - 17 dependent pathways during peritoneal dialysis ［J］. Kidney Int, 2016, 89(3):625 - 635.

［18］ Habbous S, Przech S, Acedillo R, et al. The efficacy and safety of sevelamer and lanthanum versus calciumcontaining and iron-based binders in treating hyperphosphatemia in patients with chronic kidney disease: a systematic review and meta-analysis［J］. Nephrol Dial Transplant, 2017, 32(1): 111 - 125.

［19］ Bonomini M., Di Liberato L., Del Rosso G., Stingone A., et al. Effect of an L-carnitine-containing peritoneal dialysate on insulin sensitivity in patients treated with CAPD: A 4-month prospective, multicenter randomized trial. Am. J. Kidney Dis. 2013, 62:929 - 938.

［20］ Bazzato G, Coli U, Landini S, et al. Xylitol as osmotic agent in CAPD: an alternative to glucose for uremic diabetic patients?. Trans Am Soc Artif Intern Organs. 1982; 28:280 - 286.

［21］ Rago C, Lombardi T, Di Fulvio G, et al. A New Peritoneal Dialysis Solution Containing L-Carnitine and Xylitol for Patients on Continuous Ambulatory Peritoneal Dialysis: First Clinical Experience. Toxins (Basel). 2021 Feb 24; 13(3):174.

［22］ Milan Manani S, Baretta M, Giuliani A, et al. Remote monitoring in peritoneal dialysis: benefits on clinical outcomes and on quality of life. J Nephrol. 2020; 33(6):1301 - 1308.

［23］ Paniagua R, et al. Remote Monitoring of Patients with Automated Peritoneal Dialysis May Improve Clinical Outcomes: Analysis by Competing-Risk Regression Models ［J］. J Am Soc Nephrol. 2021; PO0965:327.

第五章

血液吸附领域创新

血液吸附是一种重要的血液净化疗法,其核心原理是利用吸附剂与毒素之间的相互作用力,去除血液中的有害毒素。相较于弥散和对流这两种净化方式,血液吸附的治疗方法在清除某些特定的中/大分子毒素以及蛋白结合类毒素方面具有显著的优势,能够弥补传统血液净化方法的不足。这使得血液吸附在一些特定的疾病治疗中得到广泛应用,为患者提供更有效的治疗选择。随着化学、生物学、材料学、医学等学科的创新和发展,不断有新型高效的血液吸附剂被开发出来,从而进一步提高了血液吸附剂的吸附性能和生物相容性。

第一节　基于树脂材料的血液吸附剂

一、已经产业化的离子交换树脂血液吸附剂

离子交换树脂是一类人工合成带有正/负电荷的多孔聚合材料。1948年,美国学者Muirhead教授首次在尿毒症动物模型中使用阴离子交换树脂(deacidite)和阳离子交换树脂(amberlite IR-100H)去除血液中的肌酐和尿素。后来又有学者将离子交换树脂,如Amberlite IR-200[1]和BR601[2],用于尿毒症和肝衰竭患者的血液吸附治疗。由于离子交换树脂能够吸附凝血因子从而破坏凝血系统的平衡,研究者们对离子交换树脂进行了包膜以提高生物相容性。随后,基于离子交换树脂的血液吸附材料开始走向了商业化并应用于临床,如Kuraray公司(日本)的BL-300[亲水性聚合物甲基丙烯酸-2-羟基乙酯(PHEMA)涂层修饰的阴离子交换树脂]、BDH Chemicals公司(英国)的Dowex 50 WX8(阳离子交换树脂)、Dow Chemicals公司(美国)的Dow 1X-2(阴离子交换树脂)、健帆生物科技集团股份有限公司(中国)的BS-330(改性/包膜的阴离子交换树脂)、爱尔血液净化器材厂(中国)的AR-350/280/180(苯乙烯大孔阴离子交换树脂)、天津紫波高科技公司(中国)的HB-H-6(大孔苯乙烯阴离子交换树脂和苯乙烯阳离子交换树脂)等。

二、已经产业化的中性吸附树脂血液吸附剂

相较于离子交换树脂,中性吸附树脂是一类不带电荷的多孔聚合物材料。1970年,美国学者Jerry L. Rosenbaum首次使用Amberlite XAD-2中性吸附树脂(大孔交联聚苯乙烯树脂)去除在药物中毒动物模型血液中的苯巴比妥[3]。随后Rosenbaum继续使用Amberlite XAD-4中性吸附树脂对药物中毒患者进行血液灌流治疗,发现其能够有效吸附去除地高辛、茶碱、巴比妥等药物。1982年,我国的离子交换和吸附树脂奠基人何炳林院士研制出一种含有腈基的中性吸附树脂NKA-9,该树脂能够去除黄疸动物模型血液中的胆红素[4]。1987年,何炳林院士和俞耀庭教授团队合成出了一种大孔中性树脂NK-110,其平均孔径达到16 nm,比表面积500 m²/g,并成功用于高胆红素血症患者血液吸附治疗[5]。

中性吸附树脂虽然不带电荷,但其主要是由疏水性的苯乙烯类骨架组成,能够通过疏水作用吸附蛋白质。吸附的蛋白质会阻塞树脂孔道从而降低其毒素清除能力,同时还会引发一系列治疗相关不良反应。因此,施加涂层材料是改善树脂血液相容性和吸附性能的主要策略之一。从 20 世纪 70 年代以来,先后有白蛋白[6]、PHEMA[7]、聚丙烯酰胺[8]、PVP[7]、甲基纤维素[6]等材料被用作树脂材料涂层。

目前已经实现商业化的中性吸附树脂材料包括,Cytosorbents 公司（美国）的 CytoSorb™（PVP 涂层的聚苯乙烯-二乙烯苯树脂）、罗门哈斯公司（美国）的 XAD‐4（非极性聚苯乙烯-二乙烯苯）和 XAD‐7（聚丙烯酸酯-二乙烯苯）、Extracorporeal Medical Specialties 公司（美国）的 XR‐004（未涂层的 XAD‐4 树脂）、珠海健帆生物科技有限公司（中国）的 HA 系列（中性大孔吸附树脂）、淄博康贝医疗器械有限公司（中国）的 RA230（大孔吸附树脂）、希尔康血液净化器材研发有限公司（中国）的 SR 系列（中性大孔吸附树脂）等。

三、基于树脂材料的血液吸附剂创新方向

基于聚合物材料的血液灌流吸附剂的研究始终在不断进行。近年来树脂血液吸附剂的研发主要分为两条技术路径:①为传统树脂吸附剂研发新型高度生物相容的涂层材料;②直接研发新型树脂吸附材料。

（一）树脂吸附剂的新型涂层材料开发

虽然涂层保护的树脂吸附剂已经商业化,但它们仍然有一些缺陷。含有 PVP 涂层的 CytoSorb™ 仍然会吸附血浆中超过 50% 的总蛋白[9]。Medisorba BL‐300 的 PHEMA 涂层的通透性较小,会阻碍对胆红素的吸附[10]。两性离子材料具有出色的抗生物污染特性,是目前生物相容性最好的材料之一。其同时含有正负电荷但整体显电中性,从而可因静电诱导水合作用在表面形成一层具有高能量壁垒的水分子层。该水分子层可从根源上抵抗蛋白质等生物分子吸附和细胞/细菌黏附,从而抵抗进一步的蛋白冠形成、血栓形成、生物膜形成、免疫排斥等生物不良反应[10]。基于两性材料的优势,2019 年,天津大学化工学院张雷教授团队开发了两性离子聚羧酸甜菜碱（PCB）水凝胶涂层树脂 PCB‐H103,提高了对蛋白结合型毒素和中分子量毒素的吸附能力[11]。

（二）新型树脂吸附剂开发

近年来,一些研究报道了新型树脂材料和树脂复合材料在血液吸附领域的应用。2017年,南开大学化学系俞耀庭教授团队使用悬浮聚合法制备得到非离子型苯乙烯-二乙烯苯树脂（SZ‐9）[12],用于吸附胆红素和胆酸。SZ‐9 的溶血率接近 0%,且对血细胞几乎无影响。同年俞耀庭教授团队还报道了一款聚苯乙烯/纳米碳酸钙复合树脂（PS‐DVB/nano‐ $CaCO_3$）,用于 TNF‐α 的吸附[13]。除了聚苯乙烯基树脂,2015 年,土耳其 Recep Üzek 教授团队使用自由基聚合法和冻干法制得 PHEMA 晶胶柱,并通过 CNBr 活化制得 HSA 修饰的 PHEMA 晶胶柱,用于吸附胆红素[14]。2016 年,四川大学化工学院赵长生教授团队将原

位交联聚合法和相转化法相结合,制备得到毫米级聚醚砜/聚甲基丙烯酸缩水甘油酯颗粒,并进一步用氨基基团修饰。该材料对于胆红素的吸附性能达到约 38 mg/g。2016 年,重庆希尔康血液净化器材有限公司利用苯乙烯-二乙烯苯微球为载体,通过化学键合方式连接手臂式长链烷基功能团,用于吸附清除尿毒症患者以 β_2-微球蛋白(β_2-MG)为代表的中大分子毒素,现已实现了产业化生产(SR 系列产品)。2021,东南大学/南京鼓楼医院赵远锦教授团队以天然葵花花粉为原材料,通过煅烧法,制备得到表面大孔且内部空心的颗粒,再用磁性纳米离子修饰后,得到了磁性多孔颗粒,用于从血浆中吸附低密度脂蛋白,吸附能力达到 8.65 mg/g[15]。近期,康盛生物推出了一款基于分子水平原位共价键功能化修饰创新技术的血液灌流器产品,该产品利用聚苯乙烯大孔吸附树脂的官能基团在大孔吸附树脂上引入大量的亲水性羟基基团,有效改善了吸附材料的亲水性和血液相容性[16](见图 5-1)。

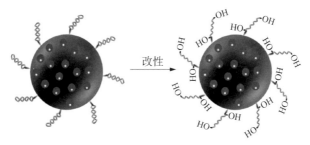

图 5-1　分子水平原位共价键改性修饰示意图

信息来源:康盛官网

第二节　基于活性炭材料的血液吸附剂

一、已经产业化的活性炭基血液吸附剂

活性炭是一种富含微孔结构的碳材料。1964 年,希腊"肾脏病之父"Hippocrates Yatzidis 教授最早将活性炭运用于血液灌流,他利用活性炭吸附去除尿毒症患者血液中的肌酐、尿酸、硫酸吲哚酚和酚类化合物等物质,发现活性炭对这些小分子毒素的吸附去除效果较好[17]。然而,活性炭材料存在生物相容性差和机械强度不高的问题,容易发生破损导致微粒泄露至血中,诱发严重血栓。为了解决这两个方面的问题,张明瑞院士利用微囊化技术,将活性炭包覆于聚合物(火棉胶)微囊中,并研究了对内源性毒素(肌酐,尿毒症代谢毒素)和外源性毒素(戊巴比妥)的去除效果[18]。聚合物微囊作为活性炭材料的涂层,可避免活性炭与血液成分直接接触,并可解决活性炭微颗粒泄漏的问题。20 世纪 60 年代到 80 年代,张明瑞等先驱研究者们研究开发了各式各样的活性炭涂层材料,包括火棉胶(硝酸纤

维素)[19]、火棉胶-白蛋白[18]、火棉胶-肝素[18]、醋酸纤维素[20]、聚酰胺[21]、乙基纤维素[22]、PHEMA[21]、聚乙二醇[23]、硅胶[24]等。树脂碳(炭化树脂)是近年研制的新型吸附剂,炭化树脂呈球形,表面光滑,比表面积可达 1 000～1 600 m²/g。其基本结构骨架与活性炭近似,对水溶性的极性物质和脂溶性物质均有很好的吸附性能,兼具活性炭和吸附树脂的结构和吸附性能[25][26]。2014 年,重庆希尔康血液净化器材研发有限公司研究开发了一种利用苯乙烯系高交联型吸附树脂为炭化前基体制备的血液吸附大孔型树脂炭,其球体表面平整光滑,无微粉脱落,对白蛋白的吸附降低了 50％～60％,安全性得到显著提高;树脂炭对水溶性的极性物质和脂溶性物质均有很好的吸附性能;同时通过吸附树脂的孔径设计及后期的活化造孔,提高了炭材料对中大分子物质的吸附[27]。

　　目前,多种活性炭基血液吸附剂已经实现了商业化,如爱尔血液净化器械厂(中国)的炭肾 YTS - 200/180/160/150/100/60(改性聚乙烯醇涂层的活性炭)、希尔康血液净化器材研发有限公司(中国)的 RC50/100/120/150/180/250(火棉胶涂层的炭化树脂)等。AST - 120(克里美净,KREMEZIN)是一种口服球形碳吸附剂,由直径为 0.2～0.4 mm 且不溶于水的多孔碳颗粒组成。AST - 120 可治疗尿毒症症状并延缓慢性肾脏病患者的透析时间,可能机制是通过吸附作用去除肠道中的尿毒症毒素及其前体。AST - 120 在日本已有 17 年的使用经验;2017 年,研发了 AST - 120 的新剂型(片剂),有望改善药物依从性[28]。

二、基于活性炭材料的血液吸附剂创新方向

　　近年来,基于活性炭的血液吸附剂的研究集中在新型生物相容性涂层及新的碳基吸附材料的开发上。2011 年,韩国延世大学 Jung Hyun Kim 教授团队开发了一种离子液体涂层技术为活性炭制备了纤维素-肝素涂层材料[29]。该研究将纤维素和肝素分别溶于 1 -丁基- 3 -甲基咪唑鎓氯盐([EmIm][Cl])和 1 -乙基- 3 -甲基咪唑鎓苯甲酸盐([EmIm][Ba])两种离子液体中,然后将活性炭浸泡于上述两种液体的混合物中进行搅拌,最后将纤维素/肝素/活性炭/离子液体悬浮液滴加至乙醇中,得到纤维素-肝素涂层的活性炭。相比于原始活性炭,涂层的活性炭对白蛋白的吸附降低约 41％～66％,活化部分凝血活酶时间延长了约 64％,而对苯妥英的吸附性能并未显著降低,从而有望用于血液灌流治疗药物中毒。类似的研究还包括聚甲基丙烯酸甲酯-壳聚糖-肝素涂层的活性炭用于阿霉素吸附[30]以及葡聚糖涂层的活性炭改善生物相容性[31]。

　　理想的活性炭涂层除了具有优异的血液相容性外,还应当具有良好的通透性,从而避免涂层阻碍活性炭对目标毒素的吸附。张雷教授团队于 2017 年开发了 PCB 水凝胶涂层活性炭,与原活性炭相比,PCB 水凝胶涂层的活性炭溶血率大幅降低且能有效抵抗蛋白质分子的吸附。同时 PCB 水凝胶涂层还能改善对蛋白结合型胆红素的吸附能力。碳材料血液吸附剂的另一创新方向是新型吸附材料的研发,以改善普通活性炭表面粗糙、易微粉脱落、安全性较差的缺点。

第三节　基于生物亲和的血液吸附剂

一、已产业化的基于生物亲和的血液吸附剂

除了活性炭和树脂材料外,基于生物亲和原理的血液吸附剂在近年来也被应用于临床。这类吸附剂主要利用了高度特异性的抗原-抗体或有特定物理化学亲和力的物质(配基)去捕获血液中的致病因子,从而达到血液净化的目的。目前常用的配基包括蛋白 A、IgG 抗体、色氨酸/苯丙氨酸、DNA、硫酸右旋糖酐等。

(一) 蛋白 A 吸附剂

蛋白 A 免疫吸附材料是将金黄色葡萄球菌蛋白 A 通过共价键偶联至琼脂糖凝胶微球合成的吸附材料,其利用蛋白 A 能特异性地结合 IgG 的 Fc 片段,从而用于治疗致病性 IgG 型抗体导致的疾病,如类风湿性关节炎、血友病、器官移植排斥反应等疾病。目前在蛋白 A 免疫吸附方面,广州康盛生物科技股份有限公司、重庆希尔康血液净化器材研发有限公司都有涉及。已经商业化的蛋白 A 吸附柱包括,费森尤斯公司的 Prosorba 和 Immunosorba 免疫吸附柱,广州康盛生物科技股份有限公司的基因工程重组蛋白 A 免疫吸附柱(商品名:康碧尔)。

(二) 基于抗体的免疫吸附剂

基于抗体的免疫吸附剂主要采用人免疫球蛋白免疫模式动物产生的抗体,如百特早期开发的羊抗人 IgG 免疫吸附柱,美天旎(德国)的 TheraSorb-Ig 可用于吸附 IgG、IgA、IgE、IgM 等致病性抗体,治疗类风湿性关节炎、系统性硬化症、肺动脉高压、系统性红斑狼疮等多种自身免疫性疾病。美天旎的另一款基于抗体的免疫吸附产品 Therasorb-IgE Adsorber 将鼠抗 IgE 抗体偶联于琼脂糖微球,用于吸附 IgE,治疗重症过敏性疾病。IgE Adsorber (IGEnio)是费森尤斯开发的治疗重症过敏性疾病的产品,是将鼠单链抗体偶联于琼脂糖微球合成的吸附剂。

(三) 基于氨基酸/多肽的免疫吸附剂

基于氨基酸配基的免疫吸附剂是将特异性的氨基酸如色氨酸和苯丙氨酸通过氨基基团偶联在基质表面。这类产品主要有旭化成医疗公司(日本)开发的 Immusorba TR(IM-TR)和 Immusorba PH (IM-PH)。这两种吸附剂均以聚乙烯醇微球作为载体基质,色氨酸或苯丙氨酸分子通过氨基基团偶联在基质表面。吸附实验表明 IM-TR 和 IM-PH 对血浆中白蛋白和纤维蛋白原没有可观的非特异性吸附,但对抗-DNA 抗体、抗 AchR 抗体以及抗 Clq 抗体等自身抗体具有普遍的去除效果,在日本被用于吉兰-巴雷综合征、系统性红斑狼疮、重症肌无力等自身免疫性疾病的治疗。

多黏菌素是一组来源于多黏芽孢杆菌的环状阳离子多肽抗生素,临床多使用多黏菌素 B 和多黏菌素 E。Toraymyxin 是将多黏菌素共价结合在聚苯乙烯纤维上形成的灌流器,自 1994 年起开始在日本被广泛用于治疗脓毒血症,随着 EUPHAS2 和 EUPHRATES 临床研究的进行,可能在全球范围内看到疗效[32]。王菲菲等以之为载体,引入肝素分子臂,将多黏菌素 B 结合于氯甲基树脂(PS)上合成吸附剂治疗内毒素血症[33]。Li 等人制备了一种基于硫酸多黏菌素 B 的新型吸附剂,动物试验显示,该吸附可实现对内毒素和炎症因子的高选择性吸附,对 IL - 6、TNF - α 有明显抑制作用,能够降低死亡率[34]。

(四) 基于右旋糖酐的免疫吸附剂

硫酸右旋糖酐吸附法(dextran sulfate-cellulose adsorption, DSA)首创于 1985 年,主要是利用硫酸右旋糖酐表面的负电荷与低密度脂蛋白载脂蛋白 ApoB - 100 中的正电性微区发生相互作用,从而选择性地吸附含有 ApoB - 100 的脂蛋白如低密度脂蛋白、极低密度脂蛋白以及脂蛋白(a),而对高密度脂蛋白的影响较小。Kaneka 公司(日本)将硫酸右旋糖酐固定于纤维素球表面用于自身抗体的清除,其商品名为 selesorb,目前在日本主要被用于系统性红斑狼疮患者抗核抗体的清除。体外实验表明这种吸附剂对抗 DNA 抗体的去除率为 38%,对心磷脂抗体的去除率为 53%,对循环免疫复合物的去除效果能达到 74%,吸附过程不会降低血浆总蛋白、白蛋白、免疫球蛋白 G 以及补体成分 3 的浓度。

(五) 基于肝素/肝素类似物的免疫吸附剂

ExThera Medical(Martinez,加拿大,美国)生产的 Seraph® 100 是一种由负载有肝素的聚乙烯微球制成的一次性血液灌流器。因肝素与细胞表面的硫酸乙酰肝素结构类似,Seraph® 100 血液灌流器可通过其吸附剂表面的肝素分子与细胞竞争性地结合入侵人体的各种致病微生物,具有对致病微生物的亲和吸附作用。2020 年,美国食品药品监督管理局批准了 Seraph® 100 用于新冠肺炎的治疗,研究表明,Seraph® 100 用于新冠肺炎的治疗有效[35]。

根据作用机理的不同,上述生物亲和类血液吸附剂又可分为静电/疏水结合型、抗原-抗体结合型、Fc 段结合型(高选择性吸附)等免疫吸附材料与产品(详见表 5 - 1)。

表 5 - 1　常见的生物亲和类免疫吸附材料的作用机理

商品名	制造商	吸附剂(配基-载体)	吸附作用机理
Immusorba TR	旭化成医疗	色氨酸-聚乙烯醇微球	静电/疏水作用
Immusorba PH	旭化成医疗	苯丙氨酸-聚乙烯醇微球	静电/疏水作用
Selesorb	日本钟化集团	硫酸葡聚糖-纤维素球	静电/疏水作用
Prosorb	费森尤斯	蛋白 A-硅胶	Fc 段结合
Immunosorba	费森尤斯	蛋白 A-琼脂糖微球	Fc 段结合
康碧尔	广州康盛生物科技股份有限公司	重组蛋白 A-琼脂糖微球	Fc 段结合

(续表)

商品名	制造商	吸附剂(配基-载体)	吸附作用机理
Miro	费森尤斯	猪血浆 C1q-聚羟甲基丙烯酸微球	Fc 段结合
Medisorba MG	可乐丽	乙酰胆碱抗体受体-纤维素	抗原-抗体作用
Ig-Therasorb	Therasorb medical system	抗 IgG 抗体-琼脂糖微球	抗原-抗体作用
LDL-Therasorb	Therasorb medical system	羊多克隆抗人 LDL 抗体-琼脂糖微球	抗原-抗体作用
LDL-Lipopak	Podard	羊多克隆抗人 LDL 抗体-琼脂糖微球	抗原-抗体作用
Coraffin	费森尤斯	多肽-琼脂糖微球	抗原-抗体作用
Gloffin	费森尤斯	多肽-琼脂糖微球	抗原-抗体作用
DNA 免疫吸附柱	珠海健帆	DNA-炭化树脂	抗原-抗体作用

信息来源:根据公开信息整理

在不同类型的生物亲和类吸附材料中,静电和疏水结合类生物亲和血液吸附材料对致病因子的吸附能力较弱,而抗原-抗体结合型对致病因子(主要是抗体)的结合能力最强,Fc 段结合型血液吸附材料对抗体等致病因子的吸附能力居中,属于高选择性吸附材料,因此,Fc 段结合型血液吸附材料,尤其是以蛋白 A 免疫吸附柱为代表的生物亲和类吸附材料对 IgG,IgA,IgM 等各类抗体都有较强的吸附能力,广泛用于各类自身免疫性疾病的治疗及器官移植前后的抗体清除。近年上市的蛋白 A 免疫吸附柱(商品名:康碧尔)即为典型的 Fc 段结合型血液吸附材料。该产品首创性地采用基因工程重组蛋白 A 为吸附配基,琼脂糖凝胶为吸附载体,结合特有的生物大分子偶联专利技术,具有配基脱落量极低、安全性高、吸附选择性高、吸附能力强等技术特点及临床治疗效果明显等优势,该产品作为国内首创产品入选科技部《创新医疗器械目录(2018)》。

二、基于生物亲和的血液吸附剂创新

基于生物亲和的血液吸附剂创新主要集中在开发能够高选择性或特异性识别致病因子吸附配基,并在此基础上制备新型血液吸附材料,从而针对不同的疾病制定个体化和精准治疗方案。这些新型的生物亲和材料设计用于特定的疾病或症状,以便更有效地去除血液中的有害物质,同时最大限度地保留对身体有益的成分。Aethlon Medical, Inc. (AEMD)开发的 Hemopurifier 是将 GNA(雪花莲凝集素)偶联于琼脂糖微球合成免疫吸附材料,用于清除丙肝病毒,也可以吸附肿瘤外泌体治疗头颈癌。Immunicom Inc 公司开发的 LW-02 column 吸附柱,去除可溶性 TNF 受体,在欧洲被批准用于治疗成人晚期难治性三阴性乳腺癌,用于治疗非小细胞肺癌、黑色素瘤、乳腺癌、肾细胞癌的临床研究也正在开展(NCT04690686)。

参考文献

［1］Rosenbaum, Jerry, L, et al. Resin Hemoperfusion in the Treatment of Drug Intoxication ［J］. Therapeutic Apheresis, 2000.

［2］Asanuma, Y et al. Removal of protein-bound toxins from critical care patients ［J］. Clinical toxicology1980,17(4):571−581.

［3］Rosenbaum J L, Kramer M S, Rasib R, et al. Resin Hemoperfusion: A New Treatment for Acute Drug Intoxication ［J］. New England Journal of Medicine, 1971.

［4］Gong D, Ji D, Zhu D, et al. Efficient Removal of Serum Bilirubin by a Novel Artificial Liver Support System Using Albumin Convection: A Pilot Study ［J］. Blood Purification, 2012,34(3−4):201−208.

［5］Yaoting Y U, Key Laboratory of Bioactive Materials, Education M O, et al. Adsorbents in blood purification: From lab search to clinical therapy ［J］. Chinese Science Bulletin, 2013.

［6］Hughes R, Ton H Y, Langley P, et al. Albumin-Coated Amberlite XAD−7 Resin for Hemoperfusion in Acute Liver Failure: Part Ⅱ: In Vivo Evaluation ［J］. Artificial Organs, 1979,3(1):23.

［7］Morris C, Gray L, Giovannelli M. Early report: The use of Cytosorb haemabsorption column as an adjunct in managing severe sepsis: initial experiences, review and recommendations ［J］. J Intensive Care Soc, 2015,16(3):257−264.

［8］Davankov V, Pavlova L, Tsyurupa M, et al. Polymeric adsorbent for removing toxic proteins from blood of patients with kidney failure ［J］. Journal of Chromatography B Biomedical Sciences & Applications, 2000,739(1):73−80.

［9］Song M, Winchester J, Albright RL, Capponi VJ, Choquette MD, Kellum JA. Cytokine removal with a novel adsorbent polymer ［J］. Blood Purif, 2004,22(5):428−34.

［10］Weber V, Linsberger I, Hauner M, Leistner A, Leistner A, Falkenhagen D. Neutral styrene divinylbenzene copolymers for adsorption of toxins in liver failure ［J］. Biomacromolecules, 2008,9(4):1322−8.

［11］Li Q, Yang J, Cai N, et al. Hemocompatible hemoadsorbent for effective removal of protein-bound toxin in serum ［J］. Journal of colloid and interface science, 2019,555:145−156.

［12］Chen J, Han W, Su R, et al. Non-ionic macroporous polystyrene adsorbents for removal of serum toxins in liver failure by hemoperfusion ［J］. Artificial Cells Nanomedicine & Biotechnology, 2016:1.

［13］Cheng G, Cheng G, Cheng G, et al. Polystyrene-divinylbenzene based nano-$CaCO_3$ composites for the efficient removal of human tumor necrosis factor-α ［J］. Chemical Communications, 2017.

［14］Kavoshchian M, üzek, Recep, Uyan?K S A, et al. HSA immobilized novel polymeric matrix as an alternative sorbent in hemoperfusion columns for bilirubin removal ［J］. Reactive and Functional Polymers, 2015,96:25−31.

［15］Wang Y, Sun L, Guo J, et al. Pollens derived magnetic porous particles for adsorption of low-density lipoprotein from plasma ［J］. Bioactive Materials, 2021,6(6):1555−1562.

［16］夏道云、闫利颖、杨作鹏、孔海龙、王海盛. 大孔吸附树脂的制备方法:CN 201410598735.9 ［P］. CN 105622849 A［2023−11−06］.

［17］Damianaki A, Stambolliu E, Alexakou Z, Petras D. Expanding the potential therapeutic options of hemoperfusion in the era of improved sorbent biocompatibility [J]. Kidney Res Clin Pract, 2023, 42 (3):298 - 311.

[18] Chang TM. Removal of endogenous and exogenous toxins by a microencapsulated absorbent [J]. Can J Physiol Pharmacol, 1969, 47(12):1043 - 5.

[19] Chang TM, Johnson LJ, Pont A, Malave N. Response to intermittent extracorporeal perfusion through shunts containing semipermeable microcapsules [J]. Trans Am Soc Artif Intern Organs, 1968, 14:163 - 8.

[20] Tijssen J, Bantjes A, Doorn A W J V, et al. A Hemoperfusion Column Based on Activated Carbon Granules Coated with an Ultrathin Membrane of Cellulose Acetate [J]. Artificial Organs, 2015, 3 (1):11 - 14.

[21] Erturk E, Haberal M, Piskin E. Towards the Commercialization of Hemoperfusion Column Part Ⅱ. Coating of Activated Carbon [J]. Biomaterials Artificial Cells & Artificial Organs, 1987, 15(3):633.

[22] Andrade JD, Kunitomo K, Van Wagenen R, Kastigir B, Gough D, Kolff WJ. Coated adsorbents for direct blood perfusion: HEMA-activated carbon [J]. Trans Am Soc Artif Intern Organs. 1971; 17: 222 - 8.

[23] Piskin E. Technical Aspects of Hemoperfusion [J]. The International Journal of Artificial Organs, 1986, 9(5):289 - 292.

[24] Ozdural A R, Hameed J, Boluk M Y, et al. Silicone coating of charcoal for hemoperfusion using plasma polymerization techniques [J]. ASAIO Journal, 1980, 3(3):116 - 119.

[25] 王质刚. 血液净化学(第 3 版)[M]. 北京:北京科学技术出版社,2010.

[26] 王质刚. 血液净化学(第 4 版)[M]. 北京:北京科学技术出版社,2016.

[27] 梁晓怿,王琴,凌立成. 具有高比表面积的球形活性炭及其制备方法:CN 200710041059[P]. CN 101062770 A[2023 - 11 - 06].

[28] Asai M, Kumakura S, Kikuchi M. Review of the efficacy of AST - 120 (KREMEZIN®) on renal function in chronic kidney disease patients [J]. Renal Failure, 2019, 41(1):47.

[29] Park, Tae-Joon et al. Biocompatible charcoal composites prepared by ionic liquids for drug detoxification [J]. Macromolecular Research, 2011, 19:734 - 738.

[30] Miao J, Zhang F, Takieddin M, Mousa S, Linhardt RJ. Adsorption of doxorubicin on poly(methyl methacrylate)-chitosan-heparin-coated activated carbon beads [J]. Langmuir, 2012, 28(9): 4396 - 403.

[31] Howell, C. A, Sandeman, et al. New dextran coated activated carbons for medical use [J]. Carbon: An International Journal Sponsored by the American Carbon Society, 2016.

[32] Shum HP, Yan WW, Chan TM. Extracorporeal blood purification for sepsis [J]. Hong Kong Med J, 2016, 22(5):478 - 485.

[33] 王菲菲,王翔,熊延连,等. 新型内毒素特异吸附血液净化材料的制备与性能研究[J]. 生物医学工程学杂志,2013,30(3):635 - 640.

[34] Li Y, Yang Z, Hu J, Lin Z. Preliminary study on the safety and efficacy of a new polymyxin B-immoblized resin column in treatment of LPS-induced sepsis beagles [J]. Animal Model Exp Med, 2022, 5(2):161 - 171.

[35] Eden G, Schmidt JJ, Büttner S, Kümpers P, Hafer C, Rovas A, Koch BF, Schmidt BMW, Kielstein JT. Safety and efficacy of the Seraph® 100 Microbind® Affinity Blood Filter to remove bacteria from the blood stream: results of the first in human study [J]. Crit Care, 2022, 26(1):181.

第六章

血管通路领域创新

血管通路是透析患者的"生命线",拥有一个功能良好的血管通路是进行血液透析治疗的必要条件。伴随着血液净化技术的发展,血管通路自 20 世纪 60 年代以来也取得了极大的进展。1960 年,动静脉外瘘的出现开创了血液透析的新时代,让慢性肾衰竭患者能够长时间地进行透析治疗[1]。但动静脉外瘘的使用寿命短且并发症多,存在较大的局限性,为了解决这些问题,1966 年,Bresia 和 Cimino 首次建立自体动静脉内瘘(autogenous arteriovenous fistula, AVF)[2],并在之后的 10 年里在世界各地普及,逐渐替代了体外血管吻合,成为到目前为止最主要的永久性血管通路。然而,并不是所有患者都具备建立 AVF 的条件,因此,70 年代,移植物动静脉内瘘(arteriovenous graft, AVG)开始出现,让更多的患者得以进行透析治疗。人工血管是目前最常用的移植材料,具有取材容易、生物相容性好、容易穿刺等优势,但在长期通畅性、穿刺后出血量、感染率等方面仍有持续优化的空间。除此之外,由于部分患者无法建立内瘘却需要进行透析,且内瘘建立后需要 1~2 个月的成熟期,中心静脉导管(central vein catheter, CVC)作为临时性血管通路也逐渐普及开来,但中心静脉导管的感染率、血栓形成率及血流量不足的发生率仍较高,也限制着其长期发展[3](见图 6-1)。

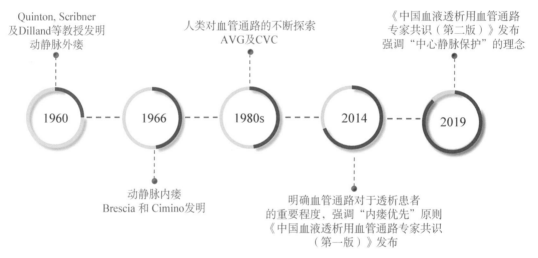

图 6-1　人工血管发展历程

信息来源:根据公开资料整理

随着在透患者逐渐增多,糖尿病及高血压等合并症比例逐渐增加,血管通路的建立、使用和维护已经成为至关重要的临床问题。创建血管通路时,目前尚无理想的血管通路类型,AVF 因感染率低、使用寿命长、并发症少,是目前国内外首选的血管通路[4],但仍有超过 60％的患者在创建 AVF 时出现失败[5]。造瘘成功后,依然有 9％~16％的患者在血管通路成熟后出现并发症和功能障碍,其中血管狭窄就是自体动静脉内瘘和移植物动静脉内瘘最常见的并发症[6]。血管狭窄通常会导致患者透析不充分,引发血栓形成,从而影响尿毒症患者的透析质量和生命安全。经皮腔内球囊血管成形术(percutaneoustransluminal angioplasty，PTA)是目前血管狭窄的一线治疗方法，但PTA治疗本身会引起炎症反应，刺激内膜过度增生导致短期内出现再狭窄[7]。根据统计，50%以上病人会在术后12个月内发生再狭窄[8]。因此，在血管通路领域，提升造瘘的成功率、延长血管通路的使用时间、优化通路再通技术，是肾内科医生及血管通路行业创新关注的重点。

根据文献研究及调研分析，未来血管通路领域的设备创新将主要集中在如下领域：①通路建立技术的创新；②通路再通技术的创新；③通路穿刺技术的创新。

第一节　通路建立技术创新

一、人工血管的创新

人工血管是用来置换血管、在血管间旁路移植或形成分流的假体，人工血管需具备良好的生物相容性、力学性能及顺应性，移植入人体内需具备一定的抗血栓性及较高的远期通畅率[9]。人工血管的开发和研制至今已有60余年的历史，其产品设计、材料、性能等不断提升，但仍不能完全满足临床需求。因此，人工血管领域的创新从未停止，目前研究的热点分为新材料和新技术两个方面(见图6-2)，在材料方面，新型高分子材料和细胞脱基质材料在生物相容性方面表现最优，是最理想的人工血管材料；在技术方面，静电纺丝技术、3D打印技术能够制备与人体血管更相似的血管组织，进一步增加产品的生物相容性。具体而言，聚氨酯人工血管、脱细胞组织工程血管(human acellular vessels，HAV)及3D打印人工血管是目前市场上最为关注的三个方向。

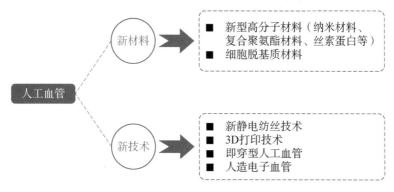

图6-2　人工血管创新方向

信息来源：根据公开资料整理

(一) 聚氨酯人工血管

材料的选择对于人工血管的临床效果至关重要。自1952年美国科学家Voorhees利用化纤新材料维尼纶（Vinyon N）成功研制无缝的人工血管，并于次年成功用于临床以来，人们在材料、编制方式、孔隙率及性能上不断积累和突破，开发研制出多种优质产品[10]。目前临床上使用的人工血管，主要分为织造型和非织造型两种，织造型人工血管的主要材料是聚四氟乙烯（polytetrafluoroethylene，PTFE）和聚酯（涤纶），而非织造型人工血管的主要材料则是膨体聚四氟乙烯（expanded polytetrafluoroethylene，ePTFE）和聚氨酯（polyurethane，PU）。虽然膨体聚四氟乙烯和聚酯（涤纶）在生物相容性、通透性等方面已基本满足临床要求，但在制作小口径血管时，发生阻塞的概率依然很大。聚氨酯在制作小口径血管时，比膨化聚四氟乙烯呈现出更优良的生物相容性，而且还可以通过分子结构的设计调整满足其他特定的要求，逐渐成为国内外众多学者重点研究的方向。国内企业杨森生物两款人工血管产品都采用了自主研发、全球首创的聚氨酯复合材料三层仿生结构，极大提高了人工血管的力学性能和生物相容性。杨森生物的 pathway® 三层仿生小口径人工血管因其结构和材料的创新，在小口径领域后发制人，于2015年5月进入"创新医疗器械特别审批通道"。该产品为三层管状结构，内层表面光滑，与血液接触；中层介于内外层之间，连接内外层，具有防渗血的特征；中层包覆螺旋形加强环；外层表面粗糙，与组织接触。人工血管主体由医疗级聚氨酯制备而成，其加强部分由聚酯单丝缠绕而成（见图6-3）。

图6-3　pathway® 三层仿生小口径人造血管

信息来源：杨森生物

（二）脱细胞组织工程血管

脱细胞组织工程血管是指在体外获取、纯化和扩增血管壁内皮细胞、平滑肌细胞和成纤维细胞，接种于管状组织工程支架材料上，体外培养同天然血管结构和功能相似的组织，植入体内一段时间后，支架材料降解消失，剩余部分经生长和重塑具有体内正常血管所需的生物学功能和生物力学强度[11]。相比于传统的人工血管，脱细胞组织工程人工血管植入患者体内后，细胞外基质层将促使内皮细胞附着、生长，使人工血管快速完成内皮化，从而极大地降低狭窄与堵塞的发生率。截至目前，全球范围内仅有3款脱细胞组织工程小口径人工血管进入临床试验阶段。其中，再生医学技术公司 Humacyte 研发的一款人类脱细胞组织工程血管（human acellular vessel，HAV），是由人体血管细胞和可降解的聚合物制成的,该产品具有立即可用和抗感染等优势,已获得美国食品药品监督管理局快速通道资格认定。目前,该产品正在全球进行三项3期临床试验、一项2期临床试验以及三项1期临床试验,作为脱细胞组织工程人工血管的先行产品,有望成为全球首个上市的脱细胞组织工程人工血管。截至2022年12月31日,Humacyte关于人工血管在血液透析通路应用的临床试验数据展示了384名接受HAV植入的患者数据,结果显示HAV可以实现零排异、零感染,从长期通畅率上来看,组织工程人工血管可以在体内存活长达10年,证明其具有抗钙化的优势[12]。从资本市场上来看,各大企业都在入局HAV,把握创新机遇。2021年,费森尤斯向Humacyte追加2500万美元的投资,延长合作期限;远大医药在2023年2月份向海外人工血管企业Xeltis投资了约1亿元,其产品aXess目前正在海外开展首次人体实验。国内的领博生物则采用小口径人工血管细胞+聚合物的复合结构路线"骨架脱细胞人工血管"(skeletal acellular vessel,SAV),创造性地将人工高分子材料与天然生物基材料结合,在可实现再生的前提下,同时拥有更优的力学性能与优越的生物相容性,并可达到更好的成本控制(见图6-4)。SAV人工血管已在动静脉造瘘和外周动脉移植适应证上,通过大量大动物实验证实了血管良好的通畅性、可再生性与可穿刺性,并初步探索了该血管在心脏搭桥中的应用潜能(见表6-1)。

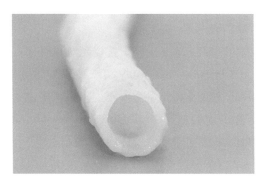

图6-4 领博生物人工血管产品样品

信息来源:领博生物

表6-1 组织工程人工血管盘点

企业	产品名称	技术路线	进展阶段
Humacyte	HAV		三期临床试验
XELTIS	aXess	—	首次人体试验
领博生物	SAV	采用小口径人工血管细胞+聚合物的复合结构路线	—
柔迈医疗	TEBV	采用了完全仿生人体组织的技术路线,模仿血管内皮细胞、平滑肌、外膜的三层组成结构	新药临床研究审批
海迈医疗	—	从活细胞出发,通过组织工程和再生医学技术,以临床亟需的小口径组织工程血管为突破口,实现一系列同种异体再生医学产品的开发与生产	临床前

（续表）

企业	产品名称	技术路线	进展阶段
诺—迈尔	—	通过全球最领先的3D静电纺丝、3D生物打印及化学合成、物理合成等其他技术,研发与生产梯度层和模量化的纳米级组织工程产品	临床前

信息来源:公开资料

(三) 3D打印人工血管

随着影像学、材料学的不断进步,3D打印技术在血管领域也得到了快速发展。3D打印是以数字模型为基础,运用粉末或液体可粘合材料,通过逐层固化成型的方式来构建具有复杂结构的物体。而3D生物打印技术则在数字三维模型的驱动下,按照增材制造原理定位装配生物材料或细胞单元,制造医疗器械、组织工程支架和组织器官。3D生物打印技术一般采用自体干细胞或种子细胞混合生物相容性好的生物材料作为"生物墨水",制造复杂仿生异质性结构。在人工血管领域,3D打印技术的核心优势在于可完全模仿血管天然结构,并做出适合动静脉瘘的小口径血管。目前,3D打印在人工血管领域的应用还处在技术研发阶段,如何构建新型生物墨水并实现可打印性、保证高保真度和高细胞活性,是推动生物3D打印技术发展的关键。

2022年,华南理工大学的曹晓东教授、董华教授团队设计了一款新型动态交联微凝胶组装体(dynamic-crosslinked microgel assembly,DC－MA)生物墨水,通过动态交联反应构建微凝胶生物墨水的策略,为制备高质量微凝胶生物墨水提供了新途径(见图6-5)。利用这种生物墨水制备的仿生多分叉血管(multi-furcated vessels,MFV)具有良好的生理稳定性、机械强度、血液相容性、半透性和较低的体内炎症反应[13]。

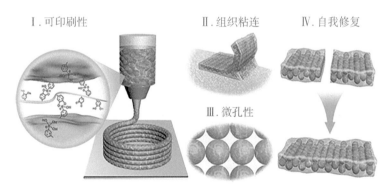

Ⅰ.可印刷性　　　Ⅱ.组织粘连　　Ⅳ.自我修复

Ⅲ.微孔性

图6-5　DC－MA生物墨水示意图

信息来源:参考文献

成立于2014年的蓝光英诺也成功研制出了3D生物血管打印机,其与四川大学华西医院合作开展干细胞3D生物打印血管临床研究,共同推进干细胞3D生物打印血管临床研究项目的备案工作。由蓝光英诺开发的全球首款干细胞3D生物打印产品REVOVAS®是一种直线复合型人工血管,主要由聚四氟乙烯人工血管和干细胞3D生物打印血管构成,其打印过程包括墨汁打印、生物胶打印、聚四氟乙烯人工血管组装三个步骤。REVOVAS®最主要的原材料是自体脂肪间充质干细胞(adipose derived mesenchymal stem cells, ADMSCs),植入该血管后,REVOVAS®中的脂肪间充质干细胞可以在血流环境和自身机体损伤信号的诱导下,参与形成完整的内皮细胞层和平滑肌细胞层,完成血管组织再生,从而达到组织修复的效果。目前,REVOVAS®已成功开展临床前动物试验,结果表明其在短期内可实现完整血管组织再生,且具备正常血管的功能[14]。未来,REVOVAS®或将在下肢血管替代、血液透析等领域有优秀的技术表现(见图6-6)。

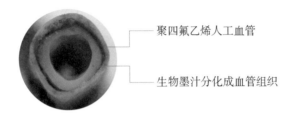

聚四氟乙烯人工血管

生物墨汁分化成血管组织

图6-6　动物实验取材的REVOVAS

信息来源:蓝光英诺

(四) 其他新技术

除上文介绍的三个主要产品外,静电纺丝技术、生物涂层技术、即穿型人工血管等也是厂商相继研发的方向。静电纺丝系统包括高压电源、注射泵、旋转的聚合物溶液和接收装置,利用高压静电场的作用,使材料溶液形成带电的喷射流,最后接收形成无纺状态的纳米纤维层。通过静电纺丝制备的纳米纤维复合支架,具有良好的生物相容性,有利于自体细胞的黏附、增殖,除此之外,静电纺丝方式制备出的人工血管内壁带有螺旋槽,可以提高人工血管中的流动壁面剪切力,减少血液中有害物质在管壁的沉积,达到了提高人工血管特别是小口径人工血管的远期通畅率的目的[15]。生物涂层技术有助于人工血管更好地抗凝血,抑制血栓形成。目前,生物涂层材料主要包括肝素和多肽类物质,以期改善凝血问题,并实现长期留存。Tang等设计的表面改性剂主要由包含黏合肽和多糖的含氟表面活性剂聚合物组合,可有效促进表面内皮化,同时减少血小板的黏附[16];Liu等则采用了赖氨酸与肝素制成混合微球作为涂层,有效提升人工血管抗凝血性能[17];Gore公司的Acuseal™透析用人工血管和Propaten人工血管内腔都带有以共价键方式结合的生物活性肝素,在短期内都实现了改善凝血、抗血栓的功能。即穿型人工血管也是近几年人工血管领域的重大进展之一,因其材质较厚,结构更为坚固,可在术后24～48小时内立即穿刺透析,对于急性血液透析的患者而言可以有效替代透析导管,而对于已有中心静脉置管的患者而言,可缩短导管的留置时间,保护中心静脉资源。目前国际上已经上市了五款即穿型人工血管产品:Vectra™(美国 Thoratec 公司)、Flixene™(美国 Atrium 公司)、Rapidax™(英国 Vascutek)、Avflo™(以色列 Nicast 公司)和 Acuseal™(美国 Gore 公司),其中来自 Gore 公司的 Acuseal™ 和 Atrium 公司的 Flixene™ 已在国内上市[18]。

二、促自体动静脉内瘘成熟的创新设备

这类设备主要是通过寻求优化瘘管的几何结构,最大限度地减少湍流,以此来减少静脉内膜增生(neointimal hyperplasia,NIH),从而改善初级自体动静脉内瘘(AVF)成熟。目前,在研装置主要分为通路外支持系统和术前静脉扩张系统(见表 6‑2)。

表 6‑2　促 AVF 成熟的创新设备

促 AVF 成熟的创新设备	代表设备
通路外支持系统	VasQ、SelfWrap、CorMatrix
植入式连接装备	Amplifi、Fist Assist

信息来源:公开资料

通路外支持系统以 VasQ(血管外支架植入物)内瘘血管支撑装置最具代表性,VasQ 由 Laminate Medical Technologies 公司研发,是一种具有生物相容性的血管外部支撑装置,在自体动静脉瘘造瘘手术期间植入,旨在解决血液透析患者原发性瘘管失败率高和重复手术的问题。VasQ 由两个镍钛合金组件组成,一部分是激光切割的支撑部包裹动静脉瘘吻合口的动脉,使吻合口角度为 40~50 度,并形成 1 mm 的曲率半径;另一部分则是外部的网状编织物,确定血管直径和梯度,位于吻合口的静脉近端且不接触血流。在最近的一项随机、对照多中心研究中,与未接受 VasQ 治疗的患者相比,自体动静脉内瘘更多的 VasQ 治疗的患者可以停止使用中心静脉导管,而采用自体动静脉内瘘进行透析治疗,同时,与未接受 VasQ 治疗的患者相比,接受 VasQ 的患者的狭窄或闭塞发生率较低,且通路平均直径更大[19]。2020 年,VasQ 获得美国食药监局突破性设备称号。目前,已获得 CE 认证,并在整个欧洲销售(见图 6‑7)。

图 6‑7　VasQ 内瘘血管支撑装置

信息来源:Laminate Medical Technologies

除此之外,Venostent 开发出一款可吸收的血管外支架——SelfWrap,这是一种具有多

孔结构、生物可吸收的形状记忆聚合物包裹物,在 VasQ 的基础上,可根据患者的血管形状进行个性化定制,并可被身体吸收,进一步提升了造瘘成功率并减少感染反应。2021 年,SelfWarp 开始临床试验,并于 2022 年获得美国食药监局突破性设备称号。目前,在南美已经启动首次人体试验,并得到了不错的临床效果。在 14 只绵羊身上,SelfWrap 显著减少了新内膜增生并促进了向外重塑,表明它有望减少感染、血栓形成和狭窄等身体并发症,并减少对肾衰竭患者日常生活的干扰[20](见图 6-8)。

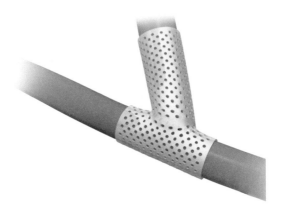

图 6-8　SelfWrap

信息来源:公开资料

　　CorMatrix 是一种包裹在动静脉瘘外膜上的装置,其本身是一种细胞外基质,在 2017 年的动物实验中,其在促 AVF 成熟技术中展现出了良好的应用前景。在动物实验中,从猪小肠黏膜下层提取的脱细胞、非交联、冻干的多层基质包绕在流出静脉周围,CorMatrix 为 AVF 提供了一个支架,明显减少了新生内膜增生,并改善了管腔直径[21](见图 6-9)。

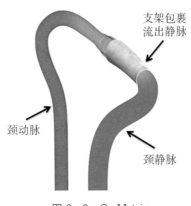

图 6-9　CorMatrix

信息来源:公开资料

　　Artio Medical 的静脉扩张系统 Amplifi 则可快速让静脉变得粗壮,来提高 AVF 手术的合格率,减少 AVF 成熟失败,延长 AVF 通畅时间。具体而言,Amplifi 的组成包括一个带流入和流出导管的穿戴式外部血泵,以及带充电电池的控制器,通过使用快速、非脉动血流来刺激血液透析患者手臂静脉扩张。Amplifi 最多可使用 14 天,并需在 AVF 创建期间移除(见图 6-10)。

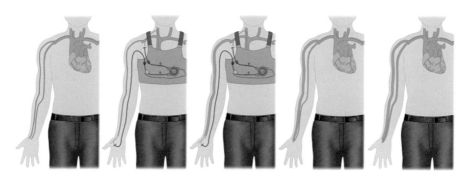

图 6-10　Amplifi 使用示意图

信息来源:Artio Medical

　　Fist Assist 是一种外部医用间歇性气动压缩设备,主要针对在术前评估中静脉尺寸不足以建立动静脉瘘的患者,该装置可以对特定的手臂静脉施加间歇性压力,从而扩张静脉,以提高造瘘成功率。其产品 FA-1 是世界上第一个用于手术前静脉扩张的可穿戴装置,目前已获得在美国销售的认证(见图 6-11)。

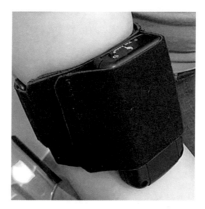

图 6-11　Fist Assist

信息来源:公开资料

三、中心静脉导管的创新

　　研究发现,80%的终末期肾脏病患者在开始透析时仍需临时或长期使用中心静脉导管进行治疗,其中 68.5%的患者对中心静脉导管的使用时间超过三个月[22]。中心静脉闭塞性疾病(central venous occlusive disease, CVOD)是使用中心静脉导管进行透析时最常见的并发症,而中心静脉导管的长期留置、静脉系统的高压和湍流状血液的冲击是导致中心静脉闭塞性疾病最主要的原因[23]。当中心静脉发生闭塞/狭窄时,只能选择尖锐的针头或带有射频能量的钢丝再次疏通,锐性再通虽然提供了治疗中心静脉闭塞性疾病的一种思路,但由于术者的经验差异,其安全性并不理想。因此,治疗中心静脉闭塞性疾病是目前临床关注的重点,相关的创新也层出不穷(见表6-3)。

表6-3　中心静脉闭塞性疾病治疗方式

中心静脉闭塞性疾病治疗方式	代表产品
锐性再通	传统方式,安全性并不理想
新的入路方式	Surfacer Inside-Out Access Catheter System
腔内治疗	The TriForce Peripheral Crossing Set

信息来源:公开资料

2020 年,美国食药监局批准了 Bluegrass 公司的 Surfacer Inside-Out Access Catheter System 来解决胸腔中心静脉阻塞(thoracic central vein obstruction, TCVO)的问题,创建可重复使用的右侧中心静脉通路。Surfacer 系统采取由内而外的方法进入闭塞的右颈内静脉,具体而言,Surfacer 系统可以通过股静脉插入,并导航至右颈内静脉的出口点。2020 年的单中心试验结果显示,Surfacer 系统在具有多导管放置史的胸腔中心静脉阻塞透析患者中,可以安全有效地实现中心静脉通路(central venous access, CVA)[24](见图6-12)。

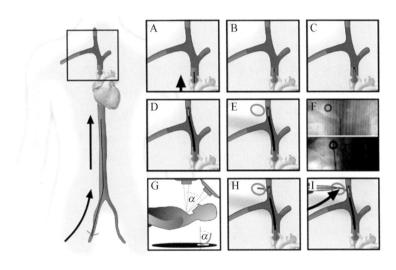

图6-12　Surfacer 系统置入示意图

信息来源:Bluegrass

美国国家肾脏基金会-肾脏疾病结局质量创议组织(National Kidney Foundation-Kidney Disease Outcome Quality Initiative, NKF-KDOQI)及《中国血液透析用血管通路

专家共识(第 2 版)》均推荐使用腔内方式来治疗中心静脉闭塞性疾病[25],但目前来看,再通技术的成功率仅在 40% 到 93% 之间。2020 年,Cook medical 正式上市了其新品 The TriForce Peripheral Crossing Set 来提升中心静脉闭塞性疾病的再通成功率。TriForce 是一种新型加强可伸缩导管,用于在经皮引入介入导管时支撑导丝,可在中心静脉闭塞性疾病治疗过程中提供额外的支撑性和稳定性。该设备还用于注射不透射线的造影剂以进行血管造影。2020 年一项单中心回顾性研究比较了使用传统导丝/导管组与使用 TriForce 导管组进行再通术的患者的成功率、临床数据及最终结果,结果显示,新型 TriForce 强化伸缩导管组可有效提升中心静脉闭塞性疾病的再通率[26]。

第二节　通路再通技术创新

发展到现在,血管通路技术已经相对成熟,但自体动静脉内瘘的平均使用年限仅有 2～5 年,其中血管狭窄是影响动静脉瘘失功的首要原因。自体动静脉内瘘和移植物动静脉内瘘均可因反复穿刺、感染、压迫及动脉硬化等原因造成血管狭窄,进而引发动静脉瘘血流量下降,不仅会导致透析不充分,还会引发血栓形成,从而影响尿毒症患者的透析质量和生命安全。因此,血管通路再通技术对于血液透析的发展至关重要。

一、球囊

目前,经皮腔内血管成形术(PTA)是通路狭窄的一线治疗方法,但仍有 50% 以上病人在术后 12 个月内发生再狭窄[27]。尤其是针对移植物动静脉内瘘(AGV)狭窄,经 PTA 后通畅率更低[28]。目前用于 PTA 的球囊分为顺应性和非顺应性两种,非顺应性球囊按照内部结构的不同可分为普通球囊(plain-balloon angioplasty, PB)、高压球囊(high pressure plain-balloon angioplasty, HPB)、刻痕球囊(scoring balloon, SB)、药物涂层球囊(drug-coated balloon, DCB)及药物涂层刻痕球囊(drug coated scoring balloon, DCSB)。在临床治疗中,高压球囊一般作为治疗狭窄性病变的首选,随着透析龄延长,超高压球囊、药物涂层球囊、刻痕球囊等球囊类型也逐渐开始被运用在治疗中。

(一) 药物球囊

药物涂层球囊一般以普通球囊或高压球囊作为载体,在其表面通过特殊的药物赋型剂附着抑制血管内膜增生的药物,如雷帕霉素或紫杉醇,在球囊到达病变区时,局部释放药物,从而抑制内膜增生,提升远期通畅率。药物涂层球囊的涂层药物、药物剂量、赋型剂、产品规格等方面都会对其作用产生影响。从涂层药物的角度来看,目前在用的药物主要分为紫杉醇和雷帕霉素两种类型。紫杉醇可以特异性结合细胞微管蛋白,通过与微管蛋白聚合来影响细胞有丝分裂,从而抑制细胞增殖及迁移。雷帕霉素则是大环内酯类药物,同样具有亲脂性,除此之外,雷帕霉素又是一种细胞抑制剂,可以防止细胞周期蛋白依赖性激酶抑制剂 p27kip1 降解[29]。相比起来,紫杉醇应用范围更广,是目前药物涂层球囊的首选。自 1966 年以来,关于药物涂层球囊在血液透析通路方面的研究从未停止,但这些研究得出的结论不一,导致目前关于药物涂层球囊能够为哪些血透通路狭窄的患者带来获益仍存在争议[30]。但相比传统球囊而言,药物涂层球囊在延长通路使用寿命、增加通畅时间等方面仍具有明显优势,只是在循证医学上,仍需要更多相关性的研究证据。

在国内市场上,2020 年,由远大医药与其 2015 年收购的 Cardionovum(凯德诺)共同研发的药物涂层球囊产品"紫杉醇释放高压分流球囊扩张导管"在国内获批上市,成为国内首款血液透析通路球囊;2021 年,归创通桥的 UltraFree(Ⓡ)药物涂层球囊也开启了关于透析通路的拓展适应证临床试验;2022 年 7 月,先瑞达收到国家药监局对其 Orchid Plus 产品治疗自体动静脉内瘘狭窄适应证扩展的最新注册证书;2023 年 4 月,由蓝帆医疗旗下上海博脉安医疗科技有限公司发起,由北京大学第一医院金其庄教授牵头开展的雷帕霉素涂层动静脉瘘球囊扩张导管治疗血液透析患者的自体动静脉瘘透析通路狭窄或堵塞病变的有效性和安全性的临床试验正式启动。除此之外,鼎科医疗集合了切割功能、高爆破压及药物涂层特性的刻痕药物球囊也即将上市(见图 6 - 13、表 6 - 4)。

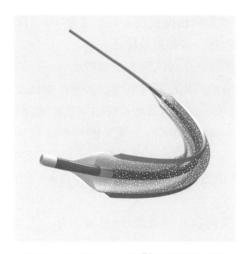

图 6 - 13　Dissolve AVᵀᴹ 刻痕药物球囊

信息来源:鼎科医疗

表 6 - 4　药物球囊产品盘点

企业	产品名称	产品类型	涂层药物	上市时间
远大医药	APERTO OTW	高压药物球囊	紫杉醇	2020 年(NMPA)
美敦力	IN. PACTᵀᴹ AV DCB	药物球囊	紫杉醇	2019 年(FDA)
碧迪医疗	Lutonix	药物球囊	紫杉醇	2017(FDA)
Concept Medical	Magic Touch AVF	药物球囊	雷帕霉素	2019(FDA)

（续表）

企业	产品名称	产品类型	涂层药物	上市时间
归创通桥	UltraFree® DCB	药物球囊	紫杉醇	已于 2021 年开始一项临床试验,目前正在进行病例患者入组中
先瑞达	Orchid Plus	药物球囊	紫杉醇	2022 年 7 月,收到国家药监局对治疗 AVF 狭窄适应症扩展的最新注册证书
蓝帆医疗	雷帕霉素涂层动静脉瘘球囊扩张导管	药物球囊	雷帕霉素	在研
鼎科医疗	Dissolve AV™	刻痕药物球囊	紫杉醇	即将上市

信息来源:公开资料

（二）刻痕球囊

相比于普通球囊,刻痕球囊可通过球囊表面的金属丝对狭窄处进行定向扩张,从而克服血管撕裂的问题,减少对血管的过度损伤。除此之外,刻痕球囊还可以用来解决高度纤维化及钙化的病变血管问题,进一步拓展适应证人群。

最早的刻痕球囊主要应用于外周血管病变如髂动脉、股动脉、髂股动脉、腘动脉、腘下动脉等领域。目前,刻痕球囊的应用已延伸到冠状动脉严重钙化病变及动静脉瘘等适应证中。刻痕球囊技术虽已被证明可安全有效地治疗血液透析通路回路中的狭窄,但通畅率尚未确定。2021 年,John Ross 教授团队的一项前瞻性单臂研究的结果显示,使用 Philips AngioSculpt 刻痕球囊治疗后,患者狭窄程度从 $78\% \pm 13.36\%$ 减少到 $7.2\% \pm 7.57\%$(平均值±标准偏差),这表明对于血透通路 AVF/AVG 狭窄而言,采用刻痕球囊扩张是一种可行的方式[31]。

从市场角度来看,目前国内仅有博迈医疗、鼎科医疗及先瑞达三家企业有相关产品。博迈医疗的 Tri-Wedge 三金属丝外周球囊扩张导管与鼎科医疗的 DKutting™ 均在 2022 年上市,而先瑞达的刻痕球囊产品还处于研发过程中,目前尚未披露上市进展。在老龄化趋势的大背景下,高难度病变会越来越多,刻痕球囊的使用量也会进一步增加。

鼎科医疗的 DKutting™ 采用"三角镍钛绕簧"技术制作的刻痕件,其截面为等边三角形,三个切割件呈 120°分布,针对高抵抗性狭窄病变,扩张时切割件不会滑动,三角形截面高效嵌入血管内膜,辅佐以 20 atm 额定爆破压,全面提供定向扩张所需的局部高压强。针对高度狭窄的迂曲病变,采用无基底粘结(no base bonding)技术,进一步缩减球囊通过外径,同时发挥了绕簧设计径向柔顺的优势,大幅提高球囊通过性。相比其他切割球囊而言,DKutting™ 在定向撕裂、推送过弯、弧形扩张以及反复扩张等方面有着独特优势(见图 6-14、表 6-5)。

图 6-14　AngioSculpt 刻痕球囊

信息来源：Philips

表 6-5　刻痕球囊产品盘点

企业	产品名称	产品类型	上市时间
飞利浦	AngioSculpt	刻痕球囊	2020（FDA）
博迈医疗	Tri-Wedge 三金属丝外周球囊扩张导管	高压刻痕球囊	2022（NMPA）
鼎科医疗	DKutting™	刻痕球囊	2022（NMPA）
先瑞达	AV 刻痕球囊	刻痕球囊	在研

信息来源：公开资料

二、覆膜支架

覆膜支架（stent graft，SG）是一种灵活的、可自扩展的血管假体，一般在镍钛合金裸支架上覆盖特殊的膜材料制作而成。覆膜支架既具有金属支架机械支撑力的功能，又具有一层生物屏障，防止内膜增生，进而减少球囊或裸支架带来的再狭窄问题。临床治疗中，覆膜支架已被应用于神经介入、心血管介入、梗阻性胆道疾病等多种疾病的微创治疗中，在血管通路狭窄中的应用则于 1996 年被首次提出[32]。目前，覆膜支架仅在海外上市，还未在国内运用，但已成为近年来研究的热点。对于血液透析通路的相关并发症，覆膜支架相较 PTA 及裸支架有着明显的优势，可显著提高通畅率，但同时，也可能存在支架移位、闭塞、感染及断裂的风险，因此，需要术前严密评估、术中仔细操作、术后定期随访，从而给到患者最大获益[33]。

来自碧迪医疗的 Covera™ 血管覆膜支架是一种可自扩张的金属（镍钛合金）管形装置（支架），上面覆盖有膨体聚四氟乙烯材料，该设备被批准用于动静脉进行血液透析的患者进入回路中任何部位出现的狭窄或阻塞。在手术过程中，医生会先通过球囊打开静脉处的狭窄区段，进而将 Covera™ 血管覆膜支架的输送导管系统定位在打开的狭窄部分上，释放支架并进行扩张，使静脉保持在打开的状态，进而实现再通的目的。与单独使用球囊血管成形术相比，Covera™ 血管覆膜支架能够使患者血管保持较长的开放时间。除 Covera™

外,目前还有 Gore、Bard 等厂商的覆膜支架产品得到了美国食药监局认证(见图 6‐15、表 6‐6)。

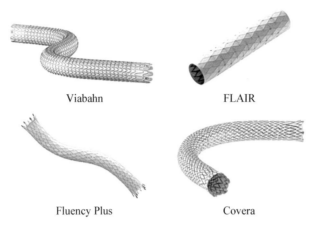

Viabahn   FLAIR
Fluency Plus   Covera

图 6‐15 目前血液透析血管通路常用覆膜支架

信息来源:公开资料

表 6‐6 覆膜支架产品盘点

覆膜支架名称	厂商	骨架材质	覆膜材质	内径	上市时间
Viabahn	Gore	镍钛合金	内腔 ePTFE 覆膜,且具有肝素涂层	5—13 mm	2014 年 FDA 获批
FLAIR	Bard	镍钛合金	内外均有 ePTFE 覆膜,内表面具有碳涂层	6—9 mm	2008 年 FDA 获批
Fluency Plus	Bard	镍钛合金	内外均有 ePTFE 覆膜	6—13.5 mm	2016 年 FDA 获批
Covera	BD	镍钛合金	外腔 ePTFE 覆膜	6—10 mm	2020 年 FDA 获批

信息来源:公开资料

第三节 通路穿刺技术创新

  良好的血管通路是完成血液透析治疗的基本保证,随着透析病人老龄化趋势加剧,血管硬化、血管狭窄、血栓形成等并发症高发,如何减少穿刺引起的通路损伤、延长血管通路的使用寿命成为临床上关注的重点问题。目前,在穿刺技术方面的创新上,主要包含软针(留置针)及皮下植入输液港两大创新路径。

一、软针(留置针)

传统穿刺中,常常使用钢制锐针进行穿刺,常规用锐针与组织摩擦力较小,进入血管内的部分较短,具有滑出风险;同时,锐针对内瘘血管内膜刺激明显,容易导致内膜增生,引起狭窄;除此之外,长期使用锐针穿刺的并发症发生率也较高,例如穿刺点及周围组织血肿、皮下淤血、动脉瘤等。因此,传统锐针穿刺在长期来看会影响内瘘的使用寿命。软针,又称留置针、套管针,则由穿刺钢针和PP(聚丙烯)材质的软管组成,当穿刺成功后,可把钢针抽出,只留软管在血管内,减轻患者在透析过程中的疼痛不适感。自1973年开始,日本透析中心开始大面积使用软针进行透析治疗,至今已有50年的历史。国内市场中,日本尼普洛透析用留置针于2017年引入中国,2018年3月正式纳入上海市大病医保范畴,可单独收费,患者每月自费约70元。就效果而言,2017年,苏香彪等人对血液透析用留置针的临床使用效果进行了观察分析,发现使用留置针进行血液透析治疗时,其Kt/V(1.57±0.37 $vs.$ 1.49±0.34,F=4.144,P=0.043)、EBV[(260.2±45.1)ml/min $vs.$ (251.6±28.6)ml/min,F=13.742,P<0.001]、PA[(-149.3±55.0)mmHg $vs.$ (-177.7±53.6)mmHg,F=15.048,P<0.001]显著高于钢制锐针,而PV值则显著低于钢制锐针[(105.8±39.4)mmHg $vs.$ (123.6±38.0)mmHg,F=12.272,P<0.001],结果表明透析用留置针与普通钢制锐针相比,治疗过程中的血流量更大,毒素清除效果更好,且安全性和舒适性也更佳[34]。《中国血液透析用血管通路专家共识(第2版)》中也明确指出"如果采用套管针穿刺,可提前到术后2~3周"。目前在国内获得注册认证的透析用留置针有日本尼普洛、三鑫医疗、日本美德、德国贝朗等厂商的产品。

德国贝朗的透析用留置针Diacan Flex于2023年7月获批。该留置针具有独特的设计优势:①配备自动防止血液暴露的隔膜阀,在穿刺及连接体外循环血路过程中,不需要用夹子手动夹住导管来防止血液暴露,极大方便临床操作,提高护理效率;②防滑旋转翼设计,不易产生机械并发症,插入时更符合人体工程学(见图6-16)。

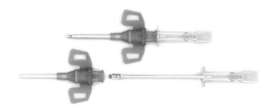

图6-16　德国贝朗透析用留置针Diacan Flex

信息来源:贝朗

日本尼普洛透析用留置针由针管(内针)、导管(外针)、导管座、夹紧管、鲁尔接头、鲁尔盖、橡胶塞、针管针座、止血塞和过滤膜组成(见图6-17),其导管末端独特的不对称侧空设计,提升了留置针的流速,确保透析过程中充足的血流量,同时,拥有更宽的穿刺角度选择范围,以提高穿刺成功率。留置人体时间不超过 72 小时。

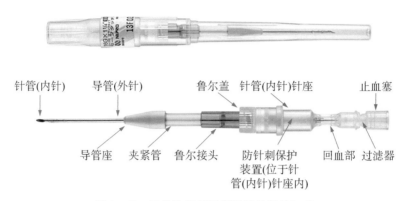

图 6-17 尼普洛透析用留置针的部件组成

信息来源:尼普洛

三鑫医疗透析用留置针(见图 6-18)于 2023 年 2 月上市,其选用氟化乙烯丙烯共聚物(fluorinated ethylene propylene, FEP)材质,不含邻苯二甲酸二辛酯(dioctyl phthalate, DEHP),软管可随血管的形状弯曲,最大限度减少对自体动静脉内瘘和人工血管内壁的损伤,留置人体时间不超过 24 小时。

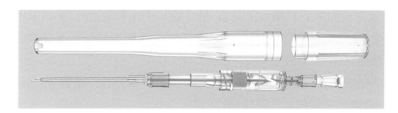

图 6-18 三鑫医疗透析用留置针

信息来源:三鑫医疗

二、皮下植入输液港

传统的基于穿刺的动静脉瘘极大地限制了透析患者的活动,且会产生感染、脱位、断开和血栓形成的风险。特别是针对创新的透析模式,如居家透析、便携式透析而言,无针入路或是一个很好的解决方案[35]。早在 20 世纪 90 年代,皮下植入输液港就已经开始出现在人们的视线中。如 Dialock 透析通路装置(1998)、Lifesite 透析通路装置(2000)、Hemaport 透析通路装置(2012)等,都在试图提供一个无针通路,解决反复穿刺带来的问题。Dialock 由一个孔状阀门组成,植入皮下,通过颈内静脉或颈外静脉向放置在右心房的两个导管提供线性流动通道[36];Lifesite 则是一个皮下通路系统,由一个通路阀和硅酮套管组成,通常置于锁骨下方,并通过隧道进入右颈内静脉,在 14 号瘘针进入阀门时可激活内部夹钳,当针被取下后,夹钳也随之关闭,血流停止[37];Hemaport 装置将聚四氟乙烯与钛基经皮外壳相结合,提供了一个无需穿刺的血管通路[38]。

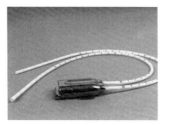

a. Hemaport 透析通路装置　　　　b. Dialock 透析通路装置

图 6－19　Hemaport 和 Dialock 透析通路装置

信息来源:公开文献

现在,无针穿刺的方式依然在持续创新。AV-Guardian 是世界上第一个建立"守护导向门"概念的植入技术,以促进透析针在不与静脉接触的情况下以最佳方式进入动静脉瘘,该产品可与各种类型的透析机兼容,适合无论在家中还是在医院中进行透析的患者。AV-Guardian 由来自新加坡的 Advent Access 公司开发,旨在克服在成熟动静脉瘘患者中建立可靠的钝针通路的技术障碍。该系统需要在皮肤下放置 2 个植入物,以维持长期、可靠的血管通路,患者只需一个针头就可以进入血液,并为实现在家里进行透析带来了可能。在 2020 年开展的一项前瞻性的非随机试验中,动脉和静脉穿刺点的一次性穿刺成功率分别达到 90% 和 85.5%,而且内瘘的血流量不受 AV-Guardian 血管通路系统的影响,证明通过 AV-Guardian 血管通路系统可以实现固定部分可重复穿刺,促进钝针穿刺技术在动静脉内瘘中的安全使用[39]。2019 年,AV-Guardian 获得 CE 认证证书,目前已在欧洲进行销售。

图 6－20　AV-Guardian

信息来源:公开资料

参考文献

[1]梁耀先,左力. 血液净化发展史——血液透析[J]. 中国血液净化,2019,18(07):439－441＋472.

[2]Jones R G, Morgan R A. A Review of the Current Status of Percutaneous Endovascular Arteriovenous Fistula Creation for Haemodialysis Access [J]. Cardiovascular & Interventional

Radiology, 2018,1‒9.

［3］王玉柱,张丽红.血液净化发展史——血管通路［J］.中国血液净化,2019,18(08):513‒516.

［4］Hicks CW, Wang P, Kernodle A, Lum YW, Black JH, Makary MA. Assessment of Use of Arteriovenous Graft vs Arteriovenous Fistula for First-time Permanent Hemodialysis Access. JAMA Surg. 2019,154(9):844‒851.

［5］Lok, Charmaine E E. Fistula First Initiative: Advantages and Pitfalls. Clinical Journal of the American Society of Nephrology 2(5):September 2007,1043‒1053.

［6］Van Tricht, I., De Wachter, D., Tordoir, J. et al. Hemodynamics and Complications Encountered with Arteriovenous Fistulas and Grafts as Vascular Access for Hemodialysis: A Review. Ann Biomed Eng 2005,33,1142‒1157.

［7］Yan Wee IJ, Yap HY, Hsien Ts'ung LT, et al. A systematic review and meta-analysis of drug-coated balloon versus conventional balloon angioplasty for dialysis access stenosis. J Vasc Surg. 2019, 70(3):970‒979.e3.

［8］倪其泓,张岚.血透通路再狭窄的治疗进展［J］.临床外科杂志,2020(6):3.

［9］严拓,刘雅文,吴灿,等.人工血管研究现状与应用优势［J］.中国组织工程研究,2018,22(30):6.

［10］施群.移植血管的发展和应用［M］.复旦大学出版社,2009.

［11］刘宾.脱细胞组织工程血管支架材料的实验研究［D］.第四军医大学,2009.

［12］Atlantic Research Group, U. S. Army Medical Research and Development Command. Humacyte Human Acellular Vessel (HAV) in Patients With Vascular Trauma ［R］. U. S. National Library of Medicine, 2023.

［13］Feng Q, Li D, Li Q, et al. Assembling Microgels via Dynamic Cross-Linking Reaction Improves Printability, Microporosity, Tissue-Adhesion, and Self-Healing of Microgel Bioink for Extrusion Bioprinting ［J］. ACS applied materials & interfaces, 2022(13):14.

［14］蒋鸿辉,孔媛媛,刘婧,等.制备脱细胞基质生物墨水在心血管疾病领域中的应用［J］.中国组织工程研究,2023,27(30):4904‒4911.

［15］刘辰.基于组合模具法及静电纺丝技术的人工血管材料的基础研究［D］.中国医科大学,2021.

［16］Tang C, Kligman F, Larsen CC, Kottke-Marchant K, Marchant RE. Platelet and endothelial adhesion on fluorosurfactant polymers designed for vascular graft modification. J Biomed Mater Res A. 2009,88(2):348‒358.

［17］Liu T, Liu Y, Chen Y, et al. Immobilization of heparin/poly-(L)-lysine nanoparticles on dopamine-coated surface to create a heparin density gradient for selective direction of platelet and vascular cells behavior. Acta Biomater. 2014,10(5):1940‒1954.

［18］葛玮婧,米兰化,施娅雪,等.新型即穿型人工血管Flixene™ 在血透通路中的临床应用二例［J］.中华血管外科杂志,2021,06(1):59‒61.

［19］Karydis N, Bevis P, Beckitt T, Silverberg D, Halak M, Calder F. An Implanted Blood Vessel Support Device for Arteriovenous Fistulas: A Randomized Controlled Trial. Am J Kidney Dis. 2020, 75(1):45‒53.

［20］Kočka V, Toušek P, Widimský P. Absorb bioresorbable stents for the treatment of coronary artery disease. Expert Rev Med Devices. 2015,12(5):545‒557.

［21］Yang B, Kilari S, Brahmbhatt A, et al. CorMatrix Wrapped Around the Adventitia of the Arteriovenous Fistula Outflow Vein Attenuates Venous Neointimal Hyperplasia. Sci Rep. 2017,7(1):14298.

［22］徐丽华,余姝,吴其顺等.终末期肾病患者首次血液透析血管通路情况的分析［J］.中国血液净化,2022,21(11):840‒843.

［23］Kundu S. Central venous disease in hemodialysis patients: prevalence, etiology and treatment. J Vasc Access. 2010,11(1):1-7.

［24］Galas N, Shahverdyan R. Use of the Surfacer® Inside-Out® Catheter Access System to Obtain Central Venous Access in Dialysis Patients With Thoracic Venous Obstructions: Single-Center Series. Vasc Endovascular Surg. 2021,55(3):228-233.

［25］金其庄,王玉柱,叶朝阳,等.中国血液透析用血管通路专家共识(第2版)[J].中国血液净化,2019.

［26］Vowels TJ, Lu T, Zubair MM, Schwein A, Bismuth J. Evaluating a Novel Telescoping Catheter Set for Treatment of Central Venous Occlusions. Ann Vasc Surg. 2021,72:383-389.

［27］Yan Wee IJ, Yap HY, Hsien Ts'ung LT, et al. A systematic review and meta-analysis of drug-coated balloon versus conventional balloon angioplasty for dialysis access stenosis. J Vasc Surg. 2019, 70(3):970-979. e3.

［28］Kim WS, Pyun WB, Kang BC. The primary patency of percutaneous transluminal angioplasty in hemodialysis patients with vascular access failure. Korean Circ J. 2011,41(9):512-517.

［29］Wessely R, Schömig A, Kastrati A. Sirolimus and Paclitaxel on polymer-based drug-eluting stents: similar but different. J Am Coll Cardiol. 2006,47(4):708-714.

［30］李云峰,郭红霞,史振伟.药物涂层球囊在血液透析通路中的应用进展[J].中国血液净化,2022 (004):021.

［31］Ross JR. Restoring arteriovenous access: Pilot study using a scoring balloon in 50 patients. J Vasc Access. 2021,22(4):623-628.

［32］张丽红、詹申、王玉柱.覆膜支架在血液透析血管通路中的应用[J].肾脏病与透析肾移植杂志,2022, 31(4):384-389.

［33］Haskal ZJ, Dolmatch BL. Hemodialysis Access Stent Graft Trials: Past, Present, and Future. Cardiovasc Intervent Radiol. 2023,46(9):1154-1161.

［34］苏香彪、蒋雯雯、张东亮.血液透析用留置针临床使用的效果观察[J].中国血液净化,2017,16(2):4.

［35］Jena R, Aggarwal A, Choudhary GR, Bajpai NK. Current Status and Future of Artificial Kidney in Humans. Indian J Nephrol. 2022,32(6):531-538.

［36］Levin NW, Yang PM, Hatch DA, et al. Initial results of a new access device for hemodialysis technical note. Kidney Int. 1998,54(5):1739-1745.

［37］Beathard GA, Posen GA. Initial clinical results with the LifeSite Hemodialysis Access System. Kidney Int. 2000,58(5):2221-2227.

［38］Sam R., Hsieh J., and James SH. Hemaport Needleless Arteriovenous Access. 2012.

［39］Tan CS, Tan SG, Wong CLJ, et al. Non-randomized safety and performance evaluation of the av-Guardian vascular access system. The Journal of Vascular Access. 2020,21(5):665-672.

第七章

多器官支持领域创新

体外多器官支持技术经历了一个从单一器官支持到多器官支持集成的发展过程。20世纪50年代实现了肾脏支持的广泛临床应用,标志着单一器官支持技术的诞生。在此基础上,接下来的几十年里,相继研发了支持心、肺、肝脏等其他单一脏器的体外支持技术。随着重症监护医学的发展,人们逐渐认识到重症监护病房中多器官衰竭的高发病率是导致病死率居高不下的重要原因。因此,当前的技术发展方向是试图通过模块化组合不同的单一器官支持系统,或更理想的,开发一个集成的多器官支持平台,以一个设备同时实现对肾脏、肝脏、肺脏等多个脏器的支持(见图7-1)。

第一节　体外器官支持疗法

一、肾脏替代

1971年,Henderson Lee描述了血液净化技术中对流传输的机理。随后Lee引入了结合对流和弥散的血液透析滤过。在此基础上,德国Peter Kramer医生首次开展连续性动静脉血液滤过(continuous arterio-venous hemofiltration, CAVH)[1]。由于CAVH不需要特殊的设备,即使在未充分装备或训练血液透析的重症监护室也可以进行肾脏替代治疗,很快便成为危重病人的常用选择。由于CAVH存在诸多局限性,如血流量低、动脉插管相关并发症、缺少动力装置等问题,因此刺激了持续性静静脉血液滤过(CVVH)、持续性静静脉血液透析(CVVHD)和持续性静静脉血液透析滤过(CVVHDF)的发展。

由于重症肾脏替代采用的是肾脏专业维持性血液透析的组件,在应用过程中存在错误和技术复杂性的风险,因此相关公司把这些组件集成在了一台设备中用于连续性肾脏替代治疗,如德国贝朗的ECU Carex机器、美国百特的BM25、Hospal的DM32、Medica的Equapump和Equaline、费森尤斯的DM08、Bellco的Multimat B、瑞典金宝的AK10。20世纪90年代初,世界第一台集成CRRT机器PRISMA®问世,它具有4个泵、预装配的回路和自动充注功能,提高了连续性肾脏替代治疗的安全性和有效性,从而将其应用扩展到几乎所有的重症监护病房[2]。

费森尤斯公司于2017年推出了全球首台第四代CRRT机器MultiFiltrate。第四代CRRT实现了从单一肾脏支持向多脏器支持的重大飞跃。在硬件方面,新一代CRRT可以通过更换不同的治疗模块,支持肾、肝、肺等脏器功能。治疗模式也可以根据患者情况进行个性化调整。血泵、超滤泵等组件实现了集成化设计,流程更为简化。为儿科和新生儿患者开发的小型设备,则突破了体积限制。在软件方面,智能控制和联网功能被广泛应用。滤过量、血流量等参数可以实现智能监测和反馈调节。设备可以接入医院网络,进行远程监控。触摸屏操作实现了更佳的人机交互。在材料方面,使用了更高生物兼容性的聚合物,改善了生物安全性,同时抗凝方式也得到优化(见表7-1)。

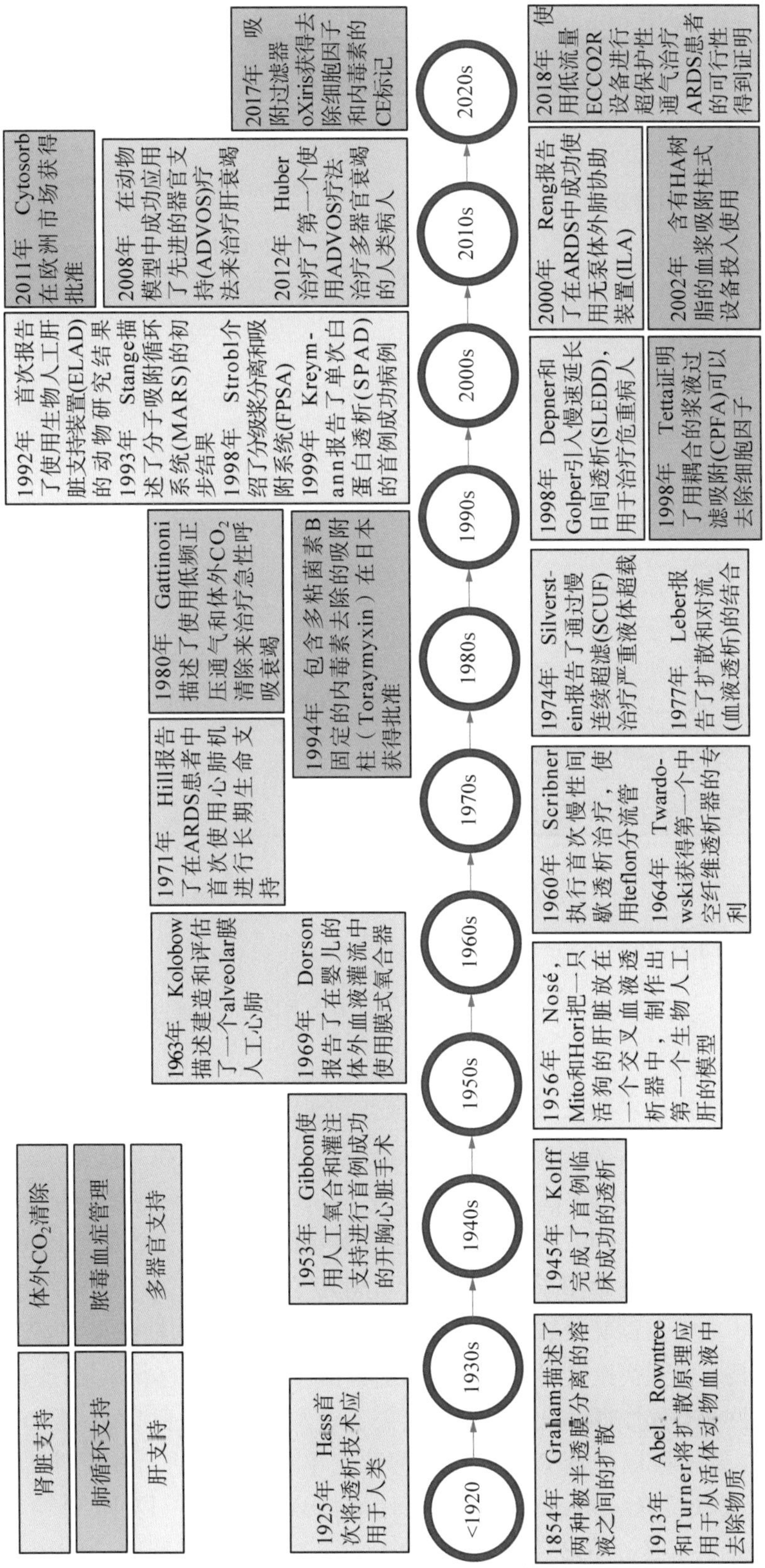

图 7-1　体外器官支持的发展历程

信息来源：公开文献

图例：
- 肾脏支持
- 肺循环支持
- 肝支持
- 体外CO₂清除
- 脓毒血症管理
- 多器官支持

时间轴：<1920　1930s　1940s　1950s　1960s　1970s　1980s　1990s　2000s　2010s　2020s

1854年　Graham描述了两种被半透膜分离之间的溶液之间的扩散

1913年　Abel、Rowntree和Turner将半透膜应用于从活体动物血液中去除物质

1925年　Hass首次将透析技术应用于人类

1945年　Kolff完成了首例临床成功的透析

1953年　Gibbon使用人工氧合和灌注支持进行首例成功的开胸心脏手术

1956年　Nosé和Mito和Hori把一只活狗的肝脏放在一个交叉血液透析器中，制作出第一个生物肝的模型

1960年　Scribner执行首次慢性透析治疗，使用teflon分流管

1963年　Kolobow描述建造和评估了一个alveolar膜人工心肺

1964年　Twardowski获得第一个中空纤维透析器的专利

1969年　Dorson报告了在婴儿的体外血液灌流中使用膜式氧合器

1971年　Hill报告了在ARDS患者中首次使用心肺机进行长期生命支持

1974年　Silverstein报告了通过连续超滤(SCUF)治疗严重液体超载

1977年　Leber报告了扩散和对流的结合(血液透析)的结合

1980年　Gattinoni描述了使用低频正压通气和体外CO₂清除来治疗急性呼吸衰竭

1994年　包含多粘菌素B固定的内毒素去除的吸附柱（Toraymyxin）在日本获得批准

1992年　首次报告了使用生物人工肝脏支持装置(ELAD)的动物研究结果

1993年　Stange描述了分子吸附循环系统(MARS)的初步结果

1998年　Strobl介绍了分级浆分离和吸附系统(FPSA)

1999年　Kreymann报告了单次白蛋白透析(SPAD)的首例成功病例

1998年　Depner和Golper引入人慢速延长日间透析(SLEDD)，用于治疗危重病人

1998年　Tettai证明了用耦合了血浆吸附滤器对流(CPFA)可以去除细胞因子

2011年　Cytosorb在欧洲市场获得批准

2008年　在动物模型中成功应用了先进的器官支持(ADVOS)疗法来治疗肝衰竭

2012年　Huber治疗了第一个使用ADVOS疗法治疗多器官衰竭的人类病人

2000年　Reng报告了在ARDS中成功延长用无泵体外肺协助装置(ILA)

2002年　含有HA树脂的血浆吸附柱的设备投入使用

2017年　吸附过滤器oXiris获得去除细胞因子和内毒素的CE标记

2018年　使用低流量ECCO2R设备进行超保护性通气治疗ARDS患者的可行性得到证明

表7-1 CRRT设备的发展历程及优劣势分析

年份	代表机器	代表厂商	优势	劣势
1990年		医院内部自行组装	1. 操作简单,无需专业培训 2. 无需血泵,血流动力学稳定 3. 易于在ICU开展,无需额外设备	1. 过滤效率较差 2. 需要动脉导管,并发症风险高 3. 血流量难以控制
1995年		费森尤斯、Bellco	1. 引入血泵,可以控制血流量,提高过滤效率 2. 采用静脉导管,并发症风险降低	1. 需要额外设备和专业培训 2. 血流动力学稍差于CAVH
2000年		费森尤斯、贝朗、百特、Hospal	1. 自动化程度高,操作简易,安全性好 2. 扩大了CRRT的使用范围	1. 机器昂贵,需要大量资源投入 2. 依然需要专业培训
2017年		费森尤斯、百特、贝朗	1. 一个平台可以支持多个器官功能 2. 根据需要调整治疗模式	1. 临床数据还不够充分 2. 更高的操作和维护要求

信息来源:公开文献

二、体外肺支持

体外肺支持技术经历了从体外膜肺氧合到体外CO_2去除的发展过程,目前正处于快速创新与整合的阶段。

(一) 体外膜肺氧合技术的发展

体外膜肺氧合技术(extracorporeal membrane oxygenation, ECMO)起源于20世纪50年代的心肺旁路技术。1953年,美国外科医生John Gibbon成功进行了第一例开胸手术,将肺动脉连接到机械泵氧器,完成了第一个成功的体外循环[3],这标志着ECMO技术的诞生。后续几十年中,ECMO技术用于小儿和新生儿呼吸衰竭的治疗中。到20世纪70年代,ECMO开始用于成人急性呼吸窘迫综合征(ARDS)的治疗,但初期结果并不理想。21世纪以来,ECMO技术得到快速发展。通过采用生物相容性更好的材料涂层,改进抗凝方式,ECMO的安全性和有效性得以提高。2009年关于成人严重呼吸衰竭的试验首次显示,ECMO联合保护性通气可以降低ARDS患者的死亡率[4]。此后进行的ECMO对重症ARDS肺损伤的抢救(ECMO to rescue lung injury in severe ARDS, EOLIA)等大样本随机对照试验进一步证实了这一结论[5]。

从市场看,Maquet/Getinge、Medtronic 和 Xenios/费森尤斯是 ECMO 领域的主要设备供应商。Getinge 的 ECMO 设备包括心肺辅助系统 Cardiohelp-i 和离心泵 Rotaflow;Medtronic 的 ECMO 产品包括离心泵血液控制监测系统、集成式膜式氧合器、一次性使用膜式氧合器等;LivaNova 的 ECMO 产品有两款型号,分别是 SCP/SCPC 系统和 CP5 系统,系统包括提供动力的离心泵及操控设备、泵头和管路等耗材。Xenios 的 Novalung ECMO 设备也得到广泛应用。国内厂商也逐渐涉足 ECMO 领域。汉诺医疗(国产首台)、长征医疗以及赛腾医疗三家企业的 ECMO 产品已经分别于 2023 年在国内获得国家药监局批准上市。这些供应商正通过技术创新,降低 ECMO 的并发症率(见表 7-2)。

表 7-2　ECMO 氧合器关键指标对比

关键指标	Maquet QUADROX-I Adult	Medtronic Affinity NT	Medos/Xenios/Fresenius HILITE 7000	Sorin Inspire 6
氧气交换率≥ml/min	430	400	380	370
血液压降≤mmHg	85	90	180	225
聚合膜面积≤m²	1.8	2.5	1.9	1.4
血液流量 L/min	0.5—7	1—7	1—7	0.5—6
泵头最大压头 mmHg	400	760	600	800

信息来源:公开文献

(二) 体外 CO_2 清除技术的发展

与 ECMO 全面的气体交换支持不同,体外 CO_2 清除技术($ECCO_2R$)仅提供 CO_2 的清除,属于一种"肺友好"的温和支持模式。20 世纪 80 年代,意大利学者首次提出 $ECCO_2R$ 的概念。进入 21 世纪,伴随保护性通气的兴起与设备技术的革新,$ECCO_2R$ 的研究与应用获得迅猛发展。与 ECMO 相比,$ECCO_2R$ 的最大优势在于血流量更低(0.3～0.5 L/min),可以减少抗凝需求和肺损伤风险。目前,$ECCO_2R$ 主要应用于中轻度 ARDS 患者,或与超保护性通气策略配合使用;以及慢性阻塞性肺病急性加重(ae-COPD)、严重哮喘与肺移植手术桥接的患者。XTRAVENT 研究入选了成年 ARDS 患者,对照组采取肺保护性通气策略(LPVS),研究组采取肺超保护性通气策略(ULPVS)+$ECCO_2R$,结果发现两组患者 28 天和 60 天无机械通气时间无统计学差异,但亚组分析发现,在氧合指数 <150 mmHg 的 ARDS 患者中,研究组 28 天和 60 天无机械通气时间改善[6]。一项验证在 ARDS 患者中通过 $ECCO_2R$ 来实施保护性通气可行性和安全性的研究(SUPERNOVA 研究)纳入成人中度 ARDS 患者,结果表明中度 ARDS 患者应用 $ECCO_2R$ 可以实现 ULPVS,严重不良反应

事件较少,安全可行[7]。2020 年欧洲专家共识指出,在 ARDS 患者中,ECCO$_2$R 疗法的适应证是肺超保护性通气,减少通气相关性肺损伤,这是预计通过降低潮气量、平台压和驱动压以及呼吸频率来实现的[8]。专家共识中也提出了筛选获益人群的标准:驱动压和平台压明显增高,PaCO$_2$>60 mmHg,pH<7.25,呼吸频率>25~30 次/min。2019 年,我国《体外膜式氧合治疗成人重症呼吸衰竭推荐意见》指出:对于有气压伤高风险或有明显 CO$_2$ 潴留的 ARDS 患者,可采用 ECCO$_2$R 有效降低平台压和潮气量或 CO$_2$ 水平,并改善右心功能[9]。

市场上主要的 ECCO$_2$R 设备包括:ALung 的 Hemolung RAS 系统,德国贝朗的 OMNI pro 系统,美国百特的 PrismaLung 以及 Maquet 的 iLAactive 等。其中,OMNI pro 是国内获批的第一台带有 CRRT 全功能的 ECCO$_2$R 设备,于 2021 年上市。其主要应用于氧合指数 80~150 mmHg 的中重度 ARDS 高碳酸血症患者,同时也适用于 CRRT 患者。

三、体外肝支持

体外肝支持技术经历了从白蛋白透析到生物人工肝支持的发展过程,目前正处于技术融合创新与突破的关键阶段。

(一) 白蛋白透析技术的发展

体外肝支持的历史可以追溯到 20 世纪 90 年代白蛋白透析技术的出现。肝脏疾病导致的肝功能衰竭,会使大量蛋白结合毒素积累。传统的血液透析仅能过滤部分水溶性毒素。利用白蛋白作为载体,可以通过白蛋白透析滤除蛋白结合毒素。单向白蛋白透析(single-pass albumin diafiltration, SPAD)最初由瑞典学者 Kreymann 等首先提出[10]。该技术直接利用含白蛋白的透析液进行血液滤过,即"单向"经过。优点是毒素清除效果好,但白蛋白的大量消耗是一个重大局限性。此后,学者们研发出了利用吸附和再生等手段回收白蛋白的闭环系统,具有代表性的有分子吸附再循环系统(molecular adsorbents recirculating system, MARS)和分级血浆分离吸附系统(fractionated plasma seperation and adsorption, FPSA)。

MARS 已被证明可以高效清除胆红素以及氨和肌酐。次级循环系统中的两个吸附柱(活性炭和阴离子交换树脂)实现了对受毒素污染的白蛋白的再生。临床试验提示 MARS 可以改善脑病、循环功能、门静脉高压和预后,但关于高胆红素血症和/或脑病和/或肾功能衰竭加重肝功能不全的代偿(recompensation of exacerbated liver insufficiency with hyperbilirubinemia and/or encephalopathy and/or renal failure, RELIEF)的试验并未显示 MARS 能提高急性肝衰竭患者的整体生存率。然而,RELIEF 试验的一个亚组分析显示,MARS 可以改善慢加急性肝功能衰竭 2、3 级(至少 2~3 个器官衰竭)患者的 28 天移植无事件生存率。这表明 MARS 对通过清除水溶性和蛋白结合毒素实现多器官支持具有潜力[11]。

分级血浆分离吸附(fractionated plasma seperation and adsorption, FPSA)技术结合了通过白蛋白通透膜分离受毒素污染的白蛋白和两个吸附器(中性树脂和阴离子交换树脂)

去除蛋白结合毒素,以及经净化的血浆回到体外循环中的血液透析。与MARS类似,利用分离和吸附技术进行的体外肝脏支持(普罗米修斯)治疗急性慢性肝功能衰竭患者[extracorporeal liver support by fractionated plasma separation and adsorption(Prometheus)in patients with acute-on-chronicliver failure](HELIOS)的试验也没有显示FPSA能提高生存率。但亚组分析显示,终末期肝病模型(model for end-stage liver disease, MELD)评分>30的患者使用FPSA能显著提高生存率[12]。

大容量血浆置换(high volume plasma exchange, HVP)是一种通过分离血浆并替换新鲜冰冻血浆(fresh frozen plasma, FFP)以去除蛋白结合毒素的确立疗法。此外,它还可以有效支持血浆凝血功能。一项182例急性肝衰竭患者的随机对照试验显示,HVP可以显著提高生存率并降低序贯性器官功能衰竭评分(sequential organ failure assessment, SOFA)。有趣的是,未接受肝移植的患者获得的存活获益更大[13]。

目前,美国百特和费森尤斯是白蛋白透析技术应用最广泛的两大公司。其中,美国百特的MARS技术应用于其Prismaflex平台;费森尤斯则拥有Prometheus系统。这两大系统正通过降低白蛋白消耗、提高毒素清除效率等方面进行持续创新(见图7-2)。

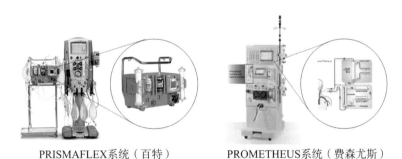

PRISMAFLEX系统（百特）　　　PROMETHEUS系统（费森尤斯）

图7-2　MARS和FPSA技术平台

信息来源:企业官网

(二)生物人工肝技术的发展

生物人工肝是利用肝脏细胞进行体外培养,再置于体外循环中进行血液净化的技术。20世纪50年代,生物人工肝的概念就已提出。随后经过长时间的动物实验研究,至21世纪初开始用于临床救治。与白蛋白透析相比,生物人工肝的优势在于不仅可以吸附清除毒素,还可以进行肝脏特有的生物合成功能,但构建高活性的肝细胞培养体系是关键难题。目前的研究主要集中在干细胞分化为肝细胞,以及微流控芯片技术实现细胞高密度培养等方面。

临床上较为成熟的技术主要有美国Vital Therapies公司的体外人工肝支持装置(extracorporeal liver assist device, ELAD)系统,该系统利用人胚干细胞来源的肝细胞进行体外培养。但从近期的Ⅱ期临床试验结果看,ELAD系统对改善急性肝衰竭患者的预后效果仍不明确[13]。生物人工肝技术要实现临床突破,还需要持续的技术创新(见表7-3)。

表 7-3 用于临床肝支持设备的特征概览

	肝支持	肾脏支持	$ECCO_2R$	酸碱调节	改善凝血	动能需求	可获得性	经济负担
SPAD	+	+	−	−	−	+++	++	+++
MARS	+	+	−	−	−	+++	+	+++
PROMETHEUS	+	+	−	−	−	+++	−	+++
ADVOS	+	+	+	+	−	++	+	+++
ELAD	+	−	−	−	−	++++	−	++++
Plasma separation	+	−	−	−	+	++	++	++
CytoSorb	+	−	−	−	−	++	+++	++

信息来源:公开文献

四、脓毒血症管理

体外脓毒血症治疗技术经历了从内毒素吸附到细胞因子吸附的发展过程,当前正处于与其他体外器官支持技术融合创新的阶段。

(一)内毒素吸附技术的发展

血液吸附技术是利用体外循环中的吸附材料对血液中的毒素进行清除的方法。根据吸附材料的不同,可以分为物理吸附和亲和吸附两类(详见第五章血液吸附领域创新)。目前临床上采用含有多黏菌素 B(polymyxin B)的中空纤维柱。多黏菌素 B 是一种能够特异性结合内毒素的抗生素。然而,目前的临床研究并不能证明内毒素吸附能够改善患者预后[14]。

(二)细胞因子吸附技术的发展

脓毒血症的致病机制与宿主的炎症反应和"细胞因子风暴"密切相关。因此,吸附清除血液中的促炎细胞因子成为体外治疗的又一选择。与直接吸附内毒素相比,其优点是可以更直接地控制炎症级联反应;缺点是吸附不特异,会对免疫系统功能产生一定影响。目前用于临床的细胞因子吸附柱有 CytoSorbents 公司的 CytoSorb 以及健帆的 HA330 和 HA380。CytoSorb 采用多孔聚合物微珠进行血液吸附,可吸附细胞因子和其他中分子量毒素,但目前临床试验结果并不一致[15]。HA330 和 HA380 则是采用 500 D~60 kD 孔径的中性大孔吸附树脂,有小样本的随机对照试验研究表明 HA330 能够改善脓毒血症患者的临床结局。

第二节 多器官支持疗法

随着对多器官功能衰竭病理生理机制的深入认识,体外器官支持设备之间的创新整合与集成成为技术发展的重要方向。一方面,简单的设备串联可以发挥协同支持效应;另一方面,集成不同支持模块的多器官支持平台,可以降低创伤并发症风险,提供更有力的器官功能支撑。

一、单器官支持设备串联

针对常见的肝肾综合征,白蛋白透析系统与肾脏替代设备的串联应用,可以同时支持肾肝功能。临床研究显示这种串联使用可以改善肝肾综合征患者的预后,同时也降低了术中出血风险。对于合并肾损伤的 ARDS 患者,ECMO 设备与肾脏治疗设备的串联,可以同步支持肺肾功能[16]。特别是肝脏支持系统如 MARS 和 Prometheus,以及一些 $ECCO_2R$ 装置与肾脏治疗装置组合使用能够发挥设备间的协同优势。同时,ECMO 过程中高血流量允许在不需要额外血管通路的情况下同时进行肾脏治疗[16]。

然而,模块化的组合会导致额外的体外循环量和潜在的血流动力学损害。因此在临床治疗过程中必须仔细监测这些副作用,包括连接时潜在的血流动力学损害,以及断开连接时的血液动力学变化。鉴于使用现有技术串联的不利因素和负担,高度集成的多器官支持技术成为目前的创新方向。

二、多器官综合支持

ADVITOS 公司的先进的器官支持系统(advanced organ system, ADVOS)可以同时提供肾、肝、肺支持,实现从肾替代到多器官支持的跨越[17]。ADVOS 基于白蛋白透析的原理。一方面,白蛋白在不同 pH 条件下会发生变构而帮助毒素的清除和白蛋白本身的再利用。另一方面,设备通过调节酸碱透析液的比例来控制白蛋白的 pH 环境。研究表明,ADVOS 能够降低胆红素、脂肪酸以及肌酐的水平[18](见图 7-3)。

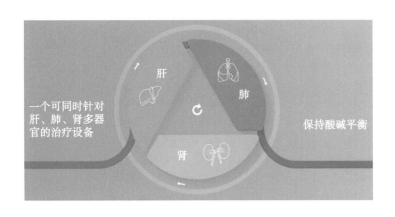

图 7-3　ADVITOS 公司的 ADVOS 系统

信息来源:公开文献

ADVOS 系统去除 CO_2 的能力取决于血流量、透析液 pH 和碳酸氢盐浓度。一系列利用体外酸中毒模型的实验证明,透析液 pH、血流量或积累的 HCO_3^- 越高,CO_2 的清除率越好[19]。在临床中,ADVOS 通常采用最大血流量 200 mL/min(允许局部枸橼酸抗凝),最大透析液 pH 9.00,并且碱性浓缩液中 HCO_3^- 浓度为 20 mmol/L。这使得在正常血浆碳酸氢盐浓度(22～28 mmol/L)下,CO_2 清除量可达 50 mL/min。由于 HCO_3^- 的清除是 ADVOS 多循环中的限制因素,在严重代谢性酸中毒期间,即使不增加血浆碳酸氢盐到 30 mmol/L 以上,也可以去除更多 CO_2。在实验条件下,当血流量为 400 mL/min、透析液 pH 大于 9.00 并且使用不含碳酸氢盐的碱性浓缩液时,CO_2 清除量可达 146 mL/min[19]。相较于 ECMO,由于其高血流量(3～6 L/min),ECMO 可以在几分钟内中和血液 pH,而血流量为 100～200 mL/min 的 ADVOS 多重系统,需要 2～4 小时才能中和酸中毒血液。然而,使用高 pH 透析液并非没有风险,因此为了避免过度补偿,在 ADVOS 治疗过程中必须持续监测血液 pH 值(见表 7-4)。

表 7-4　单器官支持设备串联与集成多器官支持设备的优劣势对比

单器官支持设备串联		集成多器官支持设备	
优势	劣势	优势	劣势
顺序串联	体外循环量大	体外循环量小	尚未广泛可用
采用成熟的技术	需要医护人员组装 设备成本累加 难以实现集成	无需医护人员组装 可以调节酸碱平衡	临床数据有限

信息来源:公开文献

参考文献

［1］ Ronco C. Continuous Renal Replacement Therapy: Forty-year Anniversary [J]. The International Journal of Artificial Organs, 2017;40(6):257-264.

［2］ Ricci Z, Bonello M, Salvatori G, et al. Continuous renal replacement technology: from adaptive technology and early dedicated machines towards flexible multipurpose machine platforms [J]. Blood Purification, 2004,22(3):269-276.

［3］ Boettcher W, Merkle F, Weitkemper HH. History of extracorporeal circulation: the conceptional and developmental period [J]. J Extra Corpor Technol, 2003,35(3):172-83.

［4］ Dorman, T. Efficacy and economic assessment of conventional ventilatory support versus extracorporeal membrane oxygenation for severe adult respiratory failure (CESAR):a multicentre randomised controlled trial [J]. Yearbook of Critical Care Medicine, 2011,2011:13-15.

［5］ Mi, Michael, Y, et al. Extracorporeal Membrane Oxygenation for Severe Acute Respiratory Distress Syndrome [J]. New England Journal of Medicine, 2018.

［6］ Bein T, Weber-Carstens S, Goldmann A, et al. Lower tidal volume strategy (≈3 ml/kg) combined with extracorporeal CO_2 removal versus 'conventional' protective ventilation (6 ml/kg) in severe

ARDS［J］. Intensive Care Medicine, 2013, 39(5):847-856.

［7］ Combes A, Fanelli V, Pham T, et al. Feasibility and safety of extracorporeal CO2 removal to enhance protective ventilation in acute respiratory distress syndrome: the SUPERNOVA study［J］. Intensive Care Medicine, 2019.

［8］ 姚孟英. ECCO2R 在 ARDS 中的应用［EB/OL］.（2023-03-01）. https://www.rccrc.cn/article/1447.

［9］ 中国医师协会呼吸医师分会危重症医学专业委员会,中华医学会呼吸病学分会危重症医学学组. 体外膜式氧合治疗成人重症呼吸衰竭推荐意见［J］.中华结核和呼吸杂志,2019,42(9):660-684.

［10］ Kreymann B, Seige M, Schweigart U, et al. Albumin dialysis: effective removal of copper in a patient with fulminant Wilson disease and successful bridging to liver transplantation: a new possibility for the elimination of protein-bound toxins. Journal of Hepatology, 1999, 31(6):1080-1085.

［11］ Larsen F S, Schmidt L E, Bernsmeier C, et al. High-volume plasma exchange in patients with acute liver failure: An open randomised controlled trial［J］. Journal of Hepatology, 2016, 64(1):69-78.

［12］ Extracorporeal albumin dialysis with the molecular adsorbent recirculating system in acute-on-chronic liver failure: The RELIEF trial［J］. Hepatology, 2013, 57(3).

［13］ Sussman N, Kelly J. Extracorporeal Cellular Therapy (ELAD) in Severe Alcoholic Hepatitis-A Multinational, Prospective, Controlled, Randomized Trial［J］. Liver Transplantation, 2018.

［14］ Umgelter A, Reindl W, Lutz J, et al. Treatment of Septic Patients with an Arginine-Based Endotoxin Adsorber Column Improves Hemodynamics and Reduces Oxidative Stress: Results of a Feasibility Study［J］. Blood Purification, 2008, 26(4):333-339.

［15］ Brouwer W P, Duran S, Kuijper M, et al. Hemoadsorption with CytoSorb shows a decreased observed versus expected 28-day all-cause mortality in ICU patients with septic shock: a propensity-score-weighted retrospective study［J］. Critical Care, 2019, 23.

［16］ Lahmer T, Mayr U, Rasch S, et al. In-parallel connected intermittent hemodialysis through ECMO does not affect hemodynamic parameters derived from transpulmonary thermodilution［J］. Perfusion, 2017.

［17］ Al-Chalabi A, Matevossian E, Thaden A K V, et al. Evaluation of the Hepa Wash (R) treatment in pigs with acute liver failure［J］. BMC Gastroenterology, 2013, 13(1):83.

［18］ Huber W, Henschel B, Schmid R, et al. First clinical experience in 14 patients treated with ADVOS: a study on feasibility, safety and efficacy of a new type of albumin dialysis［J］. BMC Gastroenterology, 2017, 17(1).

［19］ Perez Ruiz de Garibay A, Kellum J A, Honigschnabel J, Kreymann B. Respiratory and metabolic acidosis correction with the ADVanced Organ Support system［J］. Intensive Care Med Exp, 2019, 7(1):56.

第八章

血液净化治疗方式创新

除了传统设备上的改良与创新,未来,血液净化设备行业也将会呈现更多颠覆式的创新,这主要体现在血液净化设备的小型化、人工肾和异种移植上。血液净化设备的小型化主要针对于解决血液净化的便利性问题,而人工肾和异种移植则代表着更加前沿的技术路径,人们希望采用体内肾脏替代的方式,从根本上解决血液净化的问题。

第一节　血液净化设备小型化

过去30年,中心化的血液透析在技术、成本、临床获益等方面已趋向成熟,但是该模式便利性差,对患者生活工作影响大,是患者牺牲自由后换来了生命的低质量延续。围绕血液净化便利性问题的创新可以分为三代,每一代都有颠覆上一代的潜力(见表8-1)。

表8-1　各代创新血液净化模式关键特征对比

	第一代	第二代	第三代
设备类型	居家血液透析(HHD)	便携式(PAK)	可穿戴式(WAK)
重量	30～80 kg	10～25 kg	<5 kg
水处理系统	需要	不需要	不需要
新鲜透析液	大量	少量	少量
配套外部能源	需要	需要	需要
透析液可再生技术	无	有	有
结构件微小型化	无	无	有(微型泵)

资料来源:公开信息,蛋壳研究院整理

第一代是居家血液透析设备(home hemodialysis, HHD),该类设备是对医用透析设备的进一步小型化和功能优化,以更好适用于家庭场景,可节省患者每周定时往返医院的时间经济成本,但仍需要耗用大量透析液或者建立水处理系统以供给纯净水。

第二代是便携式透析设备(portable artificial kidney, PAK),这类设备具有透析液的再生功能,仅需少量初始透析液,不被水路处理系统限制,极大提升了透析时间和场地的自由度。

第三代是可穿戴式透析设备(wearable artificial kidney, WAK),该设备不仅具有透析液再生功能,同时依托微型泵技术,将设备做到了足够小巧轻便,不仅提高了自由度,还实现了24小时不间断进行水、电解质和血磷的缓慢持续清除,从而避免了脉冲式短时间大量清除带来的心血管风险。

一、居家血液透析设备

（一）居家血液透析设备概述

居家血液透析是患者在建立透析通路并在家里安装血透机及相关设备后，由患者自己或家属辅助，在家进行操作的一种血液透析治疗方式。居家血液透析在欧美国家已有60余年历史，市面上绝大多数透析机可用于居家血液透析，但是由于传统透析机附加功能较多，尺寸较大，并不适用于住宅面积较小的患者。家用血液透析设备的创新本质是医用血液透析设备和水处理系统的小型化、设备操作交互及其他监测功能的优化。

（二）居家血液透析设备发展现状

自首款居家血液透析设备于2005年获批上市以来，截至目前全球范围内已上市的产品主要有4款，分别来自NxStage（美国/德国）、Physidia（法国）、Quanta C+（英国）、Outset（美国），其中NxStage已于2019年被费森尤斯收购，Outset已于2020年成功上市（见表8-2）。

表8-2　全球已上市家用血液透析设备

产品名称	NxStage	Tablo	SC+	s³
产品图片				
公司名称	NxStage（2019年被费森尤斯收购）	Outset Medical（2020年9月纳斯达克上市）	Quanta	Physidia
批准时间	2005年（FDA）	2020年（FDA）	2020年（FDA）	2013年（CE）
产品重量	30.5 kg	88 kg	32 kg	24 kg
是否配置水处理系统	是	是	否	否

资料来源：公开信息，蛋壳研究院整理

其中，NxStage是最早通过美国食药监局批准的便携式居家血透设备，也是美国使用率最高的家庭血液透析设备。NxStage居家血液透析系统由主机、水机、管路耗材、远程软件及服务、透析器、透析液等组成，可直接连接自来水。NxStage主机设备重量约30.5 kg，尺寸为15×15×18英寸，血流量0.6 L/min、透析流量18 L/h、超过滤流量2.4 L/h，适用于家庭场景使用。同时，NxStage配备专用可移动运输箱，可适应家庭用车车载运输场景。

Outset的Tablo血液透析机在2020年4月被美国食药监局批准用于家庭使用。

Tablo 设备重量约 88 kg,设备宽度约 17 英寸,高度约 35 英寸,血流量 0.4 L/min,透析流量 0.05~0.3 L/min。设备可以通过 3D 动画及对话方式呈现使用说明,拥有自我清洁、预约生理盐水预充、一键回流冲洗等功能,可直接使用自来水进行血液透析。2020 年 9 月,Tablo 的研制公司 Outset 成功登陆纳斯达克。2021 年,该公司营业收入为 1.0 亿美元,同比上涨 105.5%。

居家血液透析相关设备价格昂贵且需改造家庭的水路和电路,在成熟的居家透析市场中,多在医疗保险支持下,以患者租赁的方式投入使用。在患者开始居家透析前,医疗机构会承担患者教育、培训的工作。

(三) 居家血液透析设备的优势与现存问题

居家血液透析最大的优势是通过延长透析时长提升透析质量,并节省患者频繁往返医院的时间成本和经济成本。在透析效果方面,Scribner BH 和 Oreopoulos DG 提出了透析量指标(hemodialysis product,HDP)的概念:HDP=透析时间×透析频次^2。HDP 的值越大,说明其透析效果就越好。例:常规中心透析每次 4 小时,频率为 3 次/周,HDP=4×3^2=36;而家庭透析每次 3 小时,频率为 4 次/周,HDP=3×4^2=48,家庭透析 HDP 高于中心透析[1]。一项有关家庭血液透析的临床试验显示,与每日血液透析(daily hemodialysis,DHD)(2 至 4 小时治疗)和传统的每周 3 次中心血液透析相比,夜间使用 NxStage 透析在改善血流动力学稳定性以及清除较大溶质方面具有较强的能力。在节省经济成本方面,研究显示,当每周进行 3 次血液透析时,进行家庭血液透析的相关年度费用估计为 26 642 英镑,而在中心进行透析的相关年度费用为 30 235 英镑[2]。

但是,由于设备价格昂贵、需改造家庭的水路和电路、血管穿刺操作复杂、设备操作步骤繁琐、设备噪音、设备维护维修、缺乏医护人员看护等问题,居家血液透析的市场推广较为缓慢。根据明尼苏达州明尼阿波利斯 Hennepin 医疗保健研究所 Eric D. Weinhandl 等人的报告,2021 年家庭透析的使用率为 14.5%,其中腹膜透析的使用率为 12.2%,而居家血液透析的使用率仅为 2.3%。

二、便携式透析设备

(一) 便携式透析设备概述

便携式透析设备相较于家用血液透析设备而言,最大的特点是具备透析液再生系统。透析液与血液在进行物质交换后,透析液中的尿素等有毒物质被透析液再生系统吸附或分解,从而获得再生透析液,重新与血液进行物质交换,循环往复,直至治疗结束(如图 8-1 所示)。

透析液再生系统是便携式透析设备和可穿戴式透析设备的核心系统,通常由多个模块串联组成,模块中包含脲酶、磷酸锆、含水氧化锆和活性炭(见图 8-2)。脲酶将尿素转化为氨和碳酸盐,在氢离子存在下形成二氧化碳。氨作为有毒产物被磷酸锆通过离子交换方式吸附。二氧化碳通过气泡去除系统去除。水合氧化锆层去除重金属,如铜和铅(如果存在),

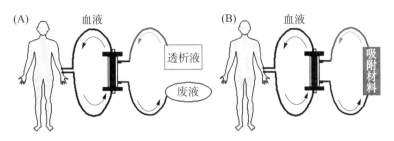

图 8-1　家用血液透析透析液循环方式与再生型对比

资料来源:公开资料

并吸附阴离子,如磷酸盐。其他中分子溶质和有机化合物由活性炭吸附[3]。但是,由于磷酸锆对铵离子的交换效率通常只有 0.6~0.8 mmol/g,因此该方法需要大量的磷酸锆(>1 kg/d);同时磷酸锆吸附阳离子会释放出钠离子和氢离子,导致透析液的酸碱和离子不平衡,需要附加调控系统,将酸碱和离子浓度调节到符合生理的范围,导致整个系统复杂,不便于操控[4]。

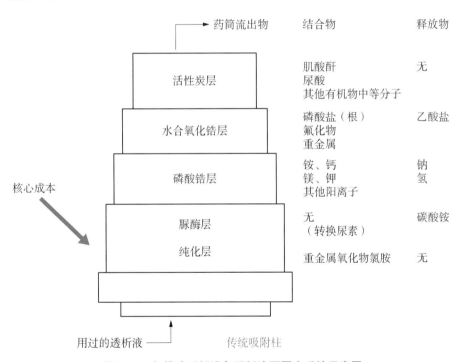

图 8-2　便携式透析设备透析液可再生系统示意图

资料来源:公开信息整理

近年来有研究用电氧化法直接将尿素分解为二氧化碳和氮气,这种方法可以通过控制电极的电流达到控制尿素分解速率的效果,已经用于 Nephron+正在研发的可穿戴式透析设备中[5]。

(二)便携式透析设备发展现状

透析液再生系统最早由美国航空航天局(National Aeronautics and Space Administration, NASA)开发,用于宇航员尿液的回收利用。1973 年,第一代商业化的机型 REDY Machine(Regeneration of Dialysate,即循环透析)取得了巨大的商业成功,曾在 1973—1994 年间成功实施了数百万次居家血液透析治疗,其便利性、安全性和临床价值已经得到了证实。但是早期的机型不仅耗材价格极其昂贵,制作及维修的专业人才培训极其严格,而且含有铝等生物毒性材料,最终被市场淘汰。近 20 年来,一些行业巨头和创新企业前赴后继推动透析液再生技术的研发和应用。

2007 年,美国 Renal Solution 的 Allient And Eagle Sorbent System 被美国食药监局批准。由于该设备耗材成本较高的问题一直没有解决,因此这款机型并未实现销售。该公司后来被费森尤斯出于保护性目的以 2 亿美金价格迅速收购。2013 年,美敦力开始布局透析液再生技术,2017 年其样机获得中国食药监局绿色通道审批,但目前该样机方案仍处于反复调整状态,并未推进型检和临床测试。其他创新企业如 NextKidney、心光生物、Diality Inc 等仍在积极推进产品研发,并在资本市场上获得了一定支持。截至目前,仍未有一台便携式透析设备获批上市。

(三)便携式透析设备的优势和现存问题

当前在研的便携式透析设备所需的透析液只有 3～6 L,远低于常规透析所需要的 120 L,且重量约 6～30 kg,外形更小,设备的便携性进一步提高,极大方便了患者出行,从而提升患者生活质量。但由于没有解决耗材成本问题,且由于当前在研产品的重量和大小限制,患者无法做到持续性透析,因此该类便携式透析设备的商业可行性和患者获益都有极大改进空间。目前,仅有一款便携透析设备支持血液透析滤过治疗,该设备来自 Saint-Barthélemy-d'Anjou 公司,因技术限制,设备置换液量较低(<6 L)(见表 8 - 3)。

表 8 - 3　全球透析液可再生便携式透析设备研发企业

公司名称	产品图片	产品重量及透析液用量,尺寸	产品研发进展	公司运作情况
Renal Solution		30 kg, 6 L 自来水	2007 年获得美国食药监局批准,一台未卖	被费森尤斯 2 亿美金并购
NextKidney (Neokindey)		10 kg, 6 L 透析液	2022 年 4 月进入安全测试,预计将于 2024 年在荷兰推出	2021 年 6 月融资 600 万欧元

（续表）

公司名称	产品图片	产品重量及透析液用量,尺寸	产品研发进展	公司运作情况
Medtronic		——	2013 年布局专利,投入 2 000～3 000 万美金/年,2017 年获国家食药监局医疗器械绿色通道批准,未进入临床测试。	2022 年 5 月 DaVita 与 Medtronic 成立子公司,联手押注吸附透析赛道
Dharma™（EasyDial）		6.2 kg, 3.7 L 透析液,52 cm×29 cm×18 cm	等待临床试验	——
心光生物		<10 kg	动物测试和量产工艺研究阶段,产品重量小于 10 Kg	2021 年成功完成近千万元天使轮融资

资料来源:公开信息,蛋壳研究院整理

三、可穿戴式透析设备

（一）可穿戴式透析设备概述

可穿戴式透析设备是对便携式透析设备的进一步小型化,重量一般在 5 kg 以下,可由数伏特电池驱动工作,患者需要定期更换过滤器并添加化学品用以净化过滤出来的水。可穿戴式透析设备的关键技术包括透析液可再生技术以及结构部件的小微型化,尤其是泵的小微型化技术。

按照透析方式的不同,可穿戴式透析设备可分为可穿戴血液透析设备和可穿戴腹膜透析设备。

目前正在研发的可穿戴式血液透析设备均基于改进的 REDY 吸附剂系统,通常由电池驱动,组件包括 2～3 个微泵系统、透析器、透析液再生系统、电池和监测系统(包括气泡监测器和漏血监测器)(如图 8 - 3)。可穿戴式血液透析设备的工作原理是将泵作为血液与透析液的动力来源,泵推动血液和透析液的脉动流动时会有半周期的相位差。当血流达到峰值时,透析液流量处于最低值,反之亦然,以此来实现推拉透析液效果,进而减少蛋白对膜的堵塞并且增加对流(弥散)效果。

可穿戴式腹膜透析设备的再生系统的技术路线更加丰富,包括基于改进的 REDY 吸附系统、离子交换器＋活性炭、聚苯乙烯树脂＋活性炭等。可穿戴式腹膜透析设备通常由"钱包"大小并采用电池驱动的控制器、透析液再生系统、1 个小型泵以及 1 个可存储约 500 mL 透析液的储液器等组件构成。该设备可自动连续取出透析液,使其再生后将其输回患者体内。

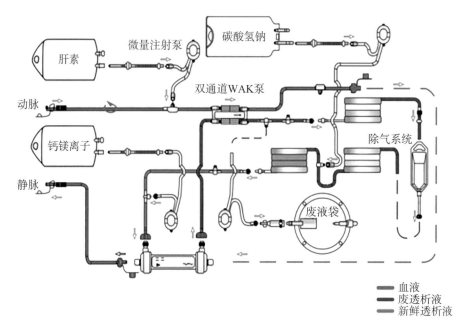

图 8‑3 可穿戴血液透析设备工作流程示意图

资料来源:参考文献[4]

(二)可穿戴式血液透析设备研发现状

可穿戴式血液透析设备在 2010 年左右开启了研发浪潮,当前在研的产品包括 The WAK™ 及 WAKMAN(Gura 团队)、iNephron+(Nanodialysis)等(见表 8‑4)。其中,The WAK™ 于 2014 年底被批准进行临床试验,目前已完成了 3 个临床试验,是当前研发推进最快的产品。

表 8‑4 在研可穿戴血液透析设备

产品名称	产品图片	设备重量,水源+每次处理的透析液量,尺寸	产品研发进展
The WAK™ (Gura 团队)		0.91 kg,低于 400 mL 透析液	2014 年底进入临床试验阶段,2016 年的临床试验纳入 7 例患者
WAKMAN (Gura 团队)	控制单元 滤过泵 远程遥控 废液袋	—	—

（续表）

产品名称	产品图片	设备重量,水源＋每次处理的透析液量,尺寸	产品研发进展
iNephron (Nanodialysis)		3.2 kg, 10 cm×6 cm×4 cm	2014 年已经制作出机器雏形并用于体外实验和动物实验,目前正在接受FDA 临床试验前的审核

资料来源:公开信息,蛋壳研究院整理

（三）可穿戴式血液透析设备的优势和现存问题

相较于便携式透析设备,穿戴式血液透析设备不仅更加轻巧、便携,方便日常生活与工作,而且可每天 24 小时不间断透析,透析效果远高于传统每周 3 次的常规透析。以 Gura 及其团队设计的可穿戴式血液透析设备为例,该机器的尿素清除率为 2.7 mL/min,肌酐清除率为 20.7 mL/min,磷清除率为 21.7 mL/min,透析液流速为 47.1 mL/min,血流速度为 58.6 mL/min,假设每天都穿戴该设备,估算 Kt/V 可以达到 6。

尽管如此,可穿戴式血液透析设备在应用可行性、技术成熟度方面仍面临一些问题,包括:①由于患者行动会导致针头脱落,因此动静脉瘘不适合 24 小时进行可穿戴式血液透析;②透析液再生系统清除尿素时产生的二氧化碳过多,超过脱气能力;③由于血液循环速度慢、管路细,同时透析器的面积和容量有限,故对透析管路和透析器膜的材料生物相容性、抗凝和抗菌特性提出了极高要求;④为解决长时血液透析导致的血栓问题,患者会使用过量的抗凝药物。

（四）可穿戴式腹膜透析设备研发现状

可穿戴式腹膜透析设备至今也未实现临床的大量应用。当前在研的腹膜透析产品包括 CLS PD(Triomed AB)、AWAK PD(AWAK Technologies)、WEAKID(Nanodialysis)、ViWAK PD(Vicenza),研发进展最快的当属 AWAK PD(见表 8 - 5)。

表 8 - 5　在研的可穿戴腹膜透析设备

产品名称	产品图片	技术路线	设备重量,水源＋每次处理的透析液量,尺寸	产品研发进展
AWAK PD		改良的 REDY 吸收系统	2 kg 左右,2 L 腹膜透析液	已经开展了第一次人体试验,共 15 名腹膜透析患者接受了治疗,已获得FDA 创新性设备认证

（续表）

产品名称	产品图片	技术路线	设备重量,水源+每次处理的透析液量,尺寸	产品研发进展
CLS PD(Triomed AB)	—	离子交换器+活性炭	<3 kg, 2.5～3 L 腹膜透析液	2017 年,首次人体临床试验
WEAKID (Nanodialysis)		离子交换器+活性炭	<1.5 kg, 2 L 腹膜透析液	等待临床试验
ViWAK PD (Vicenza)		聚苯乙烯树脂+活性炭	未知,2 L 腹膜透析液	设备未最终确定

资料来源:公开信息,参考文献[7]

AWAK PD 已经开展了第一次人体试验,共 15 名腹膜透析患者接受了治疗。实验结果显示该设备能够有效替代肾脏排泄废物和毒素,并且无严重不良反应发生,但仍有 60％的患者出现了不适[6]。该设备目前已获得美国食药监局创新型设备认证。

(五)可穿戴式腹膜透析设备的优势和现存问题

上述在研的产品多采用单腔腹膜透析导管方式,每天进行数小时持续腹膜透析。持续腹膜透析具有以下优势:①规避传统腹膜透析"循环驻留"机制下由于腹膜内透析液溶质浓度升高和跨膜渗透梯度下降(由于葡萄糖吸收)而导致停留期间溶质清除率和超滤率迅速下降的问题,从而提高血液净化效率;②持续腹膜透析不断更新腹腔透析液,可以在腹透液葡萄糖浓度较低的情况下,保持整个治疗过程中恒定的超滤速率,同时避免了腹膜暴露于常规腹膜透析中应用的高葡萄糖浓度,防止腹膜的功能恶化;③持续腹膜透析可将置换次数减少到每天 0～1 次,从而节省时间,降低腹膜炎风险。

尽管优势显著,但是可穿戴式血液透析设备以及可穿戴式腹膜透析设备的研发和推广仍然受制于透析液可再生系统耗材极为昂贵等问题。

第二节　人工肾和异种移植创新

人工肾和异种移植创新主要包含了 3D 打印肾脏、肾脏芯片、生物人工肾及异种肾脏移植四大技术路径。自 20 世纪 90 年代开始,细胞培养技术开始用于构建简单的肾脏模型,肾脏芯片开始进入人们的视野。进入 21 世纪,生物打印的概念被提出,3D 打印技术被应用于组织工程领域,3D 打印肾脏成为可能。2002 年,Humes 团队开发了第一个生物人工肾——BAK。2021 年以来,人们尝试将基因修饰猪的肾脏植入患者体内,并启动了异种肾移植的 1 期临床试验。2023 年 8 月,异种肾脏移植取得了突破性进展,阿拉巴马大学伯明翰分校的 Jayme E. Locke 团队在 *JAMA surgery* 杂志上报道了这项结果,证明转基因猪的肾脏可在人体内正常运转一周。

一、3D 打印肾脏

(一) 3D 打印技术概述

3D 打印技术是一种通过计算机控制,依据数字模型逐层打印物体的技术。它的核心机制是将设计好的三维数字模型分割为数百万个二维层面,然后通过打印机逐层打印、烧结形成实体立体物。目前 3D 打印技术可以分为选择性激光熔化成型、选择性激光烧结成型、激光直接烧结技术、电子束熔化技术、熔融沉积式成型、选择性热烧结、立体平版印刷、数字光处理、三维打印技术及细胞绘图打印等。与传统制造技术相比,3D 打印技术具有可个性化定制、成本低、速度快、设计灵活等优势,在医学领域展现出巨大的应用潜力。利用 3D 打印技术可以为患者打印定制化的医疗器械和组织工程支架,实现从影像到模型的一站式个性化诊疗,大大提高了患者的诊疗效率。

(二) 3D 打印技术在肾脏医学领域的研究进展

20 世纪 80 年代,固体自由成型(solid freeform fabrication)的思想被提出,标志着 3D 打印技术进入了人们的视野。90 年代,激光净成形(laser engineered net shaping, LENS)技术用于制作金属部件,获得了商业化成功。随后 3D 打印开始应用于骨科材料制造。进入 21 世纪,生物打印的概念被提出,3D 打印技术被应用于组织工程领域。

从技术演进看,3D 打印肾脏经历了从静态模型到支架再到细胞打印几个阶段。早期更多应用于提供肾脏手术直观模型,而近年来细胞和组织打印成为研究重点。从应用角度看,3D 打印也从单纯的解剖结构复制,扩展到功能模拟和组织工程领域。随着技术的不断进步,3D 打印在肾脏医学领域的应用范围还将持续扩大。

目前,3D 打印技术在肾脏医学领域的应用主要集中在以下几个方面:

1. 肾脏模型打印

利用患者的医学影像数据,可以定制化打印出肾脏的物理模型。这些模型可以用于肾脏病变的直观展示、医患交流及手术方案的模拟演练。打印肾脏解剖模型可以帮助临床医生更好地了解病人的肾脏解剖结构,为诊断和治疗方案的制定提供参考。手术前进行模型演练,可以帮助医生提高手术的准确性和效率,降低手术风险。

2. 肾脏支架打印

根据患者的解剖结构数据,采用生物相容材料打印定制支架,用于肾脏手术过程中维持肾脏形态。这可以减少手术难度,减少术后并发症的发生。利用患者的医学图像设计并打印个性化支架,可以保护肾脏、避免移位,使肾脏在手术过程中保持安全。智利 Valdivia 医院就成功将 3D 打印的肾脏支架应用于手术,固定肾脏组织,减少了术中出血量[8]。美国的一项研究采用 3D 打印设计了肾脏移植支架,可以减少移植肾脏的离位概率[9]。

3. 肾小球和肾小管的打印

Fransen等人采用包含肾小管上皮细胞和内皮细胞的生物墨水(bioinks),成功打印出类似人体肾小管和肾小球的微细结构。这是实现肾脏组织工程的重要基础[10]。细胞打印技术可以在体外重建肾脏的基本运输单位。打印的肾小球和肾小管在一定程度上呈现了体内肾脏的生物学功能,为后期打印整个肾脏提供了可能。

4. 肾脏血管的打印

血管系统对维持肾脏的营养供应至关重要。一些团队尝试采用支架材料,配合细胞打印技术,实现肾脏血管结构的打印[11]。血管的打印可以为未来肾脏的营养供给和血液净化提供重要支撑。目前血管打印技术还不成熟,需要进一步优化材料选择和细胞定位。

5. 完整肾脏的打印

完整肾脏的3D打印需要同时实现极其复杂的结构、血管系统和细胞功能,目前仍是一个巨大的技术挑战,还没有实质性的成功案例。完整肾脏打印将整合多个层面的技术,需要深入研究肾脏组织、血管和细胞等在打印过程中的生成机制。未来或许能突破当前技术难关,打印出具备部分或完全功能的肾脏。

(三) 在肾脏医学领域应用3D打印技术的企业

1. Organovo Inc (美国)

Organovo是美国一家生物打印公司,于2015年成功打印了人体肾脏管腔结构,从而实现了肾脏微静脉结构的构建技术。该公司与昆士兰大学合作,开发了打印完整微型肾脏的方法(如图8-4)。同时该公司还在开发自动化生产肾组织的技术。根据公司披露,其NovoGen

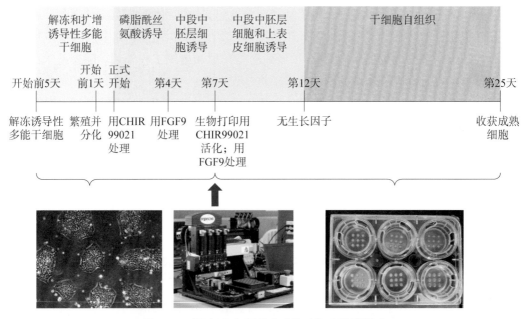

图8-4　通过3D打印的方式快速构建微型肾脏

信息来源:公司官网、蛋壳研究院

Bioprinter®平台 MMX 技术利用了诱导性多能干细胞（induced pluripotent stem cells,
iPSC)定向肾组织分化，从而实现了肾组织的自动化快速制备。

2. Aspect Biosystems（加拿大）

Aspect Biosystems 是加拿大一家生物打印公司，开发了能量聚焦打印平台，用于制作
高级生物组织。其研发的打印技术可适用于肾脏的血管和管腔结构打印。目前该公司正
与诺和诺德合作开发生物打印组织疗法，通过研制植入式生物打印组织，以取代、修复或者
补充生物功能，为糖尿病和肥胖患者提供新的治疗解决方案。

3. Cyfuse Biomedical（日本）

Cyfuse Biomedical 开发了能够封装细胞的生物打印技术，其 3D 打印平台 Bio 3D 适用
于广泛的细胞类型（如图 8-5）。通过 3D 打印技术开发的细胞产品在再生医学领域得到了
广泛的应用，如软骨、骨、神经和血管等。

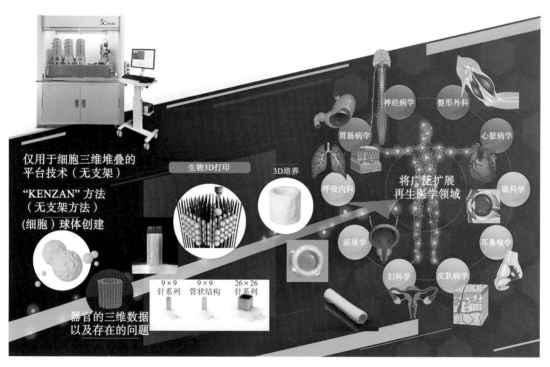

图 8-5　生物 3D 打印技术平台

信息来源：公司官网、蛋壳研究院

4. Wake Forest 再生医学研究所（WFIRM，美国）

这家美国研究机构利用 3D 打印实现了肾细胞和肾脏模型的打印，为肾脏组织工程作
出重要贡献。该研究所成功地培育了肾细胞，随后将其植入动物体内。这些细胞最终形成
肾脏结构，甚至能够在"迷你肾脏"中部分发挥功能。在生物打印方面，WFIRM 最初使用了
一种改进的台式喷墨打印机来生产具有生长细胞的 3D 结构。在 2016 年，他们使用由研究
所科学家设计的专用打印机利用 3D 打印技术成功构建了活组织结构。借助这种新设备，

Atala教授团队开发出一种可以将细胞排列在一起的材料。该材料未来或许能够实现3D打印肾脏的结构化模型。

(四)3D打印技术在肾脏医学领域应用的挑战

当前3D打印技术在肾脏医学领域的应用面临多方面挑战,包括打印材料的生物相容性无法满足细胞生长要求、打印细胞存活率低与功能表达弱、无法精确重复打印肾脏复杂管腔结构、难以实现打印完整的肾脏血管系统、缺乏系统性技术与方案支持完整肾脏打印、打印产物体内成熟和功能实现亟需深入探索,以及生物安全和伦理规范对研究进展的制约等,这些都是该技术在应用领域亟待解决的关键难点,需要持续创新材料、细胞、营养环境、打印系统等多方面技术,结合血管和组织工程领域的研究成果,逐步达成从模型到组织再到整体肾脏打印的目标,以实现3D打印技术在肾脏医学领域应用的更快发展。

二、肾脏芯片

(一)肾脏芯片概述

肾脏芯片是一种细胞培养的微流控芯片(microfluidics),它利用微流控技术重构肾脏的基本功能单元,模拟肾脏的解剖结构和生理功能。肾脏芯片通常由培养室、微通道、泵和传感器等组件组成[12]。研究人员在培养室内培养肾小管上皮细胞、肾小球内皮细胞等肾脏细胞,微通道模拟肾小管系统,泵推动培养基通过微通道生成流体张力,同时传感器监测细胞活性(如图8-6)。这种"体外肾脏"可以重复肾小球的过滤作用和肾小管重吸收作用,从而排出代谢废物。

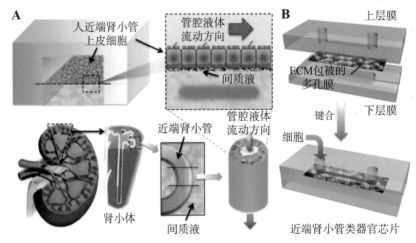

图8-6　近端小管肾脏芯片的构建示意图

信息来源:蛋壳研究院

(二)肾脏芯片的研究进展

20世纪90年代,细胞培养技术开始用于构建简单的肾脏模型。2010年,哈佛大学研发出第一代肾小球芯片,使用微流控技术重建肾小球的血液过滤界面,实现了简单的血液过滤功能[13]。这一研究证明芯片技术可以模拟肾小球的生物学功能,为后续肾脏芯片的发展奠定基础。2017 年,哈佛大学团队又研发出整体的肾小球芯片,更全面地再现了肾小球的组织结构[14]。

　　2020 年,南京大学鼓楼医院赵远锦教授和复旦大学商珞然研究员团队在仿生肾脏芯片方面取得最新进展。团队成员受到肾脏自体清除各类大小生物分子功能的启发,开发了一种搭载多重分子印迹反蛋白石结构微球的鱼骨状微流控仿生肾脏芯片,并将其用于血液中过量生物分子的高效特异性清除[15](如图 8 - 7)。该研究成果发表在 *Advanced Materials* 上。反蛋白石结构自身的周期性大孔洞与分子印迹形成的空穴构成多级孔洞结构,实现了对生物分子的高效特异性吸附,同时微球自身的特征结构色变化也可以作为吸附进程监测的特征指标。将多重分子印迹的反蛋白石结构微球集成到鱼骨微流控芯片中,通过特殊的流道设计进一步提高了芯片整体用于血液分子清除的效率。该仿生肾脏芯片兼具高效的吸附能力与实时监测能力,结合可重复使用性、良好的生物安全性和生物相容性,在临床血液净化和构建人工肾脏等方面具有良好的前景和应用潜力。

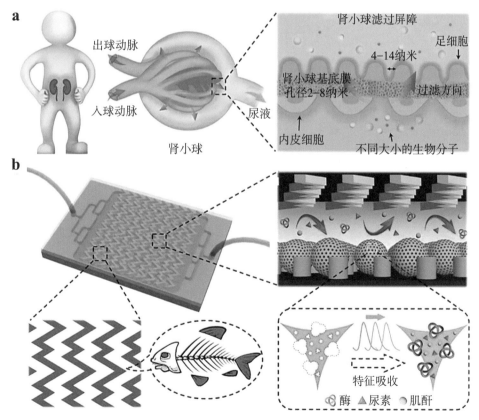

图 8 - 7　微流控仿生肾脏芯片示意图

信息来源:公开文献、蛋壳研究院

(三) 肾脏芯片的创新企业

1. Emulate 公司 (美国)

Emulate 公司位于美国波士顿,是全球著名的类器官芯片及配套设备研发公司。其开发的"人体仿真系统"(human emulation system)被誉为颠覆药物研发流程的"尖刀技术"。Emulate 来自哈佛大学,出身于著名的 Wyss 生物工程研究所。Wyss 生物工程研究所是一个跨学科研究机构,侧重于开发新的仿生材料和设备在医疗、制造等方向的应用,因其融合学术界与产业界的科技研发新模式而备受关注,甚至被视为生物医学的创新企业孵化器。

Emulate 开发了近端肾小管肾脏芯片,该芯片通过在动态微环境中结合原代人肾脏特异性上皮细胞和内皮细胞的共培养来模拟体内生理学(如图 8-8)。目前主要应用于肾脏药物毒性测试及营养代谢研究,还可评估转运蛋白介导的药物相互作用,预测治疗效果。

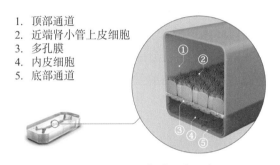

1. 顶部通道
2. 近端肾小管上皮细胞
3. 多孔膜
4. 内皮细胞
5. 底部通道

图 8-8 Emulate 肾脏芯片示意图

信息来源:蛋壳研究院

2. TissUse 公司 (德国)

2010 年,TissUse 在德国柏林成立。与 Emulate 相似,TissUse 开发出了独特的"多器官芯片"平台。这种多器官芯片提供了一种新的方法来预测药物的毒性、药代动力学以及体外疗效,能够减少和替代实验室动物试验,并简化人体临床试验(如图 8-9)。类似的企业还包括:发起于美国康奈尔大学的 Hesperos 公司、发起于荷兰莱顿大学的 Mimetas 公司,以及国内由东南大学苏州医疗器械研究院和生物电子学国家重点实验室技术团队合作并在江苏省产业技术研究院和苏州高新区的支持下成立的艾玮得生物科技有限公司。

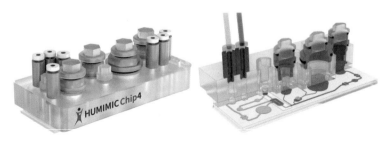

图 8-9 TissUse HUMIMIC 多器官芯片示意图

信息来源:公司官网、蛋壳研究院

（四）肾脏芯片面临的挑战

肾脏芯片技术能够在体外较为准确地重建肾脏的结构和功能，显示出广阔的应用前景。但要实现其广泛应用，仍需克服一些技术瓶颈。

首先，细胞来源的限制。目前研发的肾脏芯片中，大多采用的是肾脏癌变的永生化细胞株，这些癌变细胞的生理功能与正常肾脏细胞存在差异。而正常肾脏细胞来源有限且扩增困难，限制了肾脏芯片的健康细胞来源。未来需要探索诸如诱导多能干细胞等新的细胞来源。其次，未能很好地重建肾脏的微环境。除了肾小球和肾小管等结构外，肾脏微环境中还有间质细胞、免疫细胞等参与肾脏的生理功能。现有的肾脏芯片由于简化了这一复杂微环境的重建，因此缺少了周围微环境的参与，对芯片中的细胞活性产生了影响。除此以外，与人体中肾脏与其他脏器协同工作不同，现有的肾脏芯片为独立工作模式。然而，肾脏能够实现自身功能离不开其他脏器的协同配合，这一点也是现有模型难以模拟的。最后，微流道中流体流动的精确控制也是技术难点。血液在肾脏内的流速、压力具有一定规律，而这难以在微细的流道中准确重现。此外，肾脏芯片的制作复杂，要实现批量生产还存在难度，这也限制了其应用推广。

尽管肾脏芯片在模拟肾脏结构和功能方面已取得长足进展，但要成为精准医疗的理想平台，还需要解决细胞来源、本地环境、流体控制等方面的技术难题。这需要不同学科领域的紧密合作，以推动肾脏芯片技术的成熟和产业化应用。

三、生物人工肾

（一）生物人工肾的概念

生物人工肾（bioartificial kidney，BAK）是一种生物学和物理化学有机结合的人工肾。生物人工肾中含有肾近端小管细胞，且具有转运、代谢和内分泌活性，可以模拟人体肾小管的功能。与可穿戴式透析机不同的是，生物人工肾的部分功能是由生物方法（细胞）实现的。对急性肾损伤患者的研究提示，生物人工肾可以提高患者的生存率。然而，生物人工肾最大的问题是细胞的获取与储存。如果医疗机构或相关公司不能解决上述细胞的生产、运输、储存和有效分配等问题，则生物人工肾的可及性将始终较低。此外，也可研究如何延长细胞的寿命，以降低生物人工肾的使用费用。

（二）生物人工肾的研究进展

2002 年，Humes 团队开发了第一个生物人工肾，其采用了血液滤过器与一个肾脏辅助装置串联连接的模式[16]。该肾脏辅助装置由具有单层肾上皮细胞（每台设备 $10^8 \sim 10^9$ 个细胞）的中空纤维膜管腔组成。多项关于急性肾损伤患者的研究结果表明，生物人工肾可以改善患者的生存率，其机制主要是生物人工肾降低了患者的炎性状态[17]。然而，这些研究也暴露了生物人工肾的细胞来源、存储、分配以及在床旁重建的重要问题。为了解决这些问题，研究人员开发了一种生物人工肾上皮细胞系统（bioartificial renal epithelial cell system，BRECS），该系统由镀有铌的碳盘组成，在碳盘上植入了来源于成人祖细胞的肾上皮细胞[18]。BRECS可以进行冷冻、低温储存、运输以及在终端治疗场所进行解冻等操作。

进一步,为了研制出一个体外可穿戴的BRECS,Johnston团队设计了可穿戴的BRECS并在无肾绵羊身上进行了7天的试验[19][20]。研究表明该系统能够在体外腹膜液的循环中维持细胞的活性和功能。这项研究证实了长时间连续使用可穿戴BRECS的可能性,且无需进行系统性抗凝。

2013年,荷兰特温特大学Dimitrios Stamatialis教授团队报道了一款全新的生物人工肾系统。该系统由含有永生化近端肾小管上皮细胞(conditionally immortalized proximal tubule epithelial cells, ciPTECs)的中空纤维透析器构成[21][22]。该系统可与传统透析器串联,能够集成到现有的治疗设备中,因此增加了其在临床中广泛推广的可能性(如图8-10)。该透析器同时实现了肾小球过滤、肾小管分泌和重吸收的功能,可为患者提供更全面的治疗。体外研究表明,ciPTECs能够协同基底侧和顶端的转运体主动完成PBUTs外排、重吸收作用以及维生素D活化的生理过程[23][24][25]。另外,该团队研究还显示ciPTECs体内外未表现出肿瘤性及致癌的风险[26]。该系统当前面临的挑战是将生物人工肾扩大到临床研究的规模,并开发一个可以适应维持性透析的低成本生产过程。

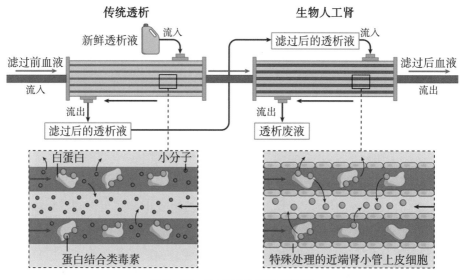

图8-10　iBAK工作原理示意图

信息来源:公司官网、蛋壳研究院

2019年,Kidney Project的研究人员开发了一种可植入的生物人工肾(implantable BAK, iBAK)。该系统是由含有猪肾细胞(LL-CPK1)的硅基纳米孔膜(Silicon-based nanoporous membranes, SNMs)构成并由自体血压提供动力[27]。2021年,该系统首次在健康猪模型上进行了可行性研究,结果表明,在没有使用抗凝剂或免疫抑制剂的情况下,iBAK显示了富有前景的结果[28](见表8-6)。

表 8-6　各种类型的人工肾技术比较

关键特征	WAK	AWAK	iBAK
技术路径	血液透析	腹膜透析	移植
原理	Sorbent System 优化	Sorbent System 优化	血滤部分(肾小球功能)生物反应器部分(肾小管功能)
重量	<5 kg	<2 kg	~500 g
供能	电池驱动	电池驱动	血压驱动
流速要求	~6 L 透析液/次	~2 L 透析液/次	无需透析液,口服补充电解质
肌酐清除能力(已达到)	20~30 ml/min	20~30 ml/min	~30 ml/min
免疫抑制	需要	需要	不需要
研究进度	获批 FDA 临床试验	首次人体试验	动物试验
功能	可携带	可携带	对病人负担小,最小废物产生
局限性	出血/凝血问题	频繁更换废液(~7 小时)	长期生物相容性和有效性仍有待研究

信息来源:公开文献,蛋壳研究院

(三)生物人工肾面临的挑战

尽管生物人工肾目前取得重大进展,但该技术仍面临以下关键挑战:

1. 细胞来源和产能的制约

理想的细胞源应该可扩增且功能稳定,但目前的多能干细胞定向分化效率较低,原代细胞无法大规模获取。细胞产能不足限制了产品规模化。

2. 材料和细胞的生物相容性

现有材料生物相容性较低,存在引起炎症反应的风险;同时细胞来源多样也增加了免疫排斥风险。提高材料和异种细胞的生物相容性和免疫隔离是关键难题。

3. 体外细胞和组织的成熟障碍

现有技术获得的肾脏细胞多处于非成熟状态,功能有限。使其在体外完全成熟具有很大难度。

4. 装置结构和规模化生产难题

应用型产品需要有充分的肾小球和肾小管,并与体循环连接。这在结构设计和产能上都存在挑战。自动化和规模化生产系统有待优化。

目前研究重点是逐步解决上述关键科学和技术难题,以促进生物人工肾的产业化进程。这需要医工结合,集产学研之力,进行持续高强度的创新,以实现生物人工肾向临床转化。

四、异种肾脏移植

(一) 异种肾脏移植概述

不同物种之间的细胞、组织和器官移植称为异种移植。目前异种移植的器官来源主要是猪,亦有少数其他物种,如尼罗河罗非鱼等。涉及移植的器官,主要包括胰腺、皮肤、角膜、脉络丛细胞、肾脏及心脏等。美国、中国、新西兰、阿根廷及巴西等国是目前已经开展异种移植手术的国家。

(二) 异种肾脏移植的研究进展

2005 年,在世界卫生组织框架下,国际异种移植协会与瑞士日内瓦大学医院联合建立了世界异种移植应用与实验信息平台(*www. humanxenotransplant. org*)。该平台提供全球异种移植信息。其信息来源包括医学杂志、学术会刊及国际异种移植协会成员医院自 1995 年以来已施行的人类异种移植手术声明等。截至 2010 年,该平台提供了 29 种异种移植信息,涉及肝、肾、脾、胰腺以及细胞异种移植等,这些项目在 12 个国家进行。日内瓦大学 L. Buhler 教授团队,曾在 *Transplantation* 杂志撰文,以推动异种移植的国际范围协调与监管。近日,瑞士日内瓦大学医学院胡骁维及 L. Buhler 教授再次在 *Transplantation* 杂志发表文章,总结近十年世界异种移植主要进展情况。2020 年,该平台网站已重新设计,其托管与运行管理也从日内瓦大学医院转移到中国四川省人民医院。

近年来,有报道显示,基因编辑猪(genetically engineered pigs)可作为器官供体。Robert Montgomery 等人将 GalT - KO 猪①的肾脏,植入脑死亡志愿者[29]。而 Locke 等人亦将敲除更多引起排斥反应抗原基因的猪肾植入脑死亡患者。移植后 74 小时,接受移植志愿者的血流动力学稳定,且未出现急性排异反应[30]。以上两项移植术案例,虽均未恢复肌酐清除率,却可视为异种移植领域的突破性尝试。近日,Locke 团队在 *The Journal of the American Medical Association* 上报道了一项猪肾脏异种移植的报道,移植肾脏在脑死亡患者中可正常工作 7 周,并实现了肌酐清除能力[31](见图 8 - 11)。2023 年 8 月,美国纽约大学兰贡医疗中心将一颗基因编辑猪肾移植到一名脑死亡男子体内,该猪肾运行一个多月后未出现排异或感染现象,受体的血肌酐水平一直保持在正常范围内,创造了基因编辑猪肾在人体内工作的新纪录,是异种移植技术取得的重大进展[32]。

---

① Alpha1,3-galactosyltransferase knockout pig, GalT - KO 猪,即敲除"α - 1,3 半乳糖基转移酶(Gal)"基因的猪,其体内无 α1,3 半乳糖基转移酶;而该酶是引起异种移植排斥反应的主要抗原物质。

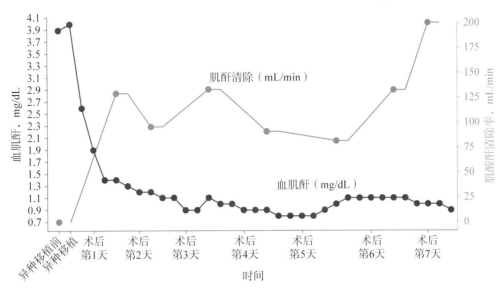

图 8-11　异种移植后可能存在肾脏生理学的改变

信息来源:参考文献[32]

参考文献

[1] 詹前进.人工器官的发展现状与未来展望[J].临床医学工程(8 期),1999,6(4):28-31.

[2] Ferguson T W, Harper G D, Milad J E, et al. Cost of the quanta SC+ hemodialysis system for self-care in the United Kingdom [J]. Hemodialysis international. International Symposium on Home Hemodialysis, 2022,26(3):287-294.

[3] 陈丽婷,宋明阳,赵建成,等.便携式人工肾设备的研究进展[J].中国血液净化,2022,21(6):5.

[4] 刘自军,李建中.一种透析液的再生方法及血液净化系统:CN201710353752.X[P].2023-11-24.

[5] Wester M, Simonis F, Lachkar N, et al. Removal of Urea in a Wearable Dialysis Device: A Reappraisal of Electro-Oxidation [J]. Artificial Organs, 2015,38(12):998-1006.

[6] Htay H, Gow S K, Jayaballa M, et al. Preliminary safety study of the Automated Wearable Artificial Kidney (AWAK) in Peritoneal Dialysis patients. [J]. Peritoneal Dialysis International, 2022,42(4):394-402.

[7] Friedman, EA. Will nephrologists use a wearable artificial kidney? [J]. Clinical Journal of the American Society of Nephrology, 2009,4(9):1401-1402.

[8] Esperto F, Prata F, Ana María Autrán-Gómez, et al. New Technologies for Kidney Surgery Planning 3D, Impression, Augmented Reality 3D, Reconstruction: Current Realities and Expectations [J]. Current Urology Reports, 2021,22(7).

[9] Denizet G, et al. 3D multi-tissue printing for kidney transplantation [J]. Quantitative imaging in medicine and surgery, 2019,9(1),101-106.

[10] Fransen M J, Addario G, Bouten C C, et al. Bioprinting of kidney in vitro models: cells, biomaterials, and manufacturing techniques [J]. Essays in Biochemistry, 2021.

[11] Choi J, Lee EJ, Jang WB, Kwon S-M. Development of Biocompatible 3D-Printed Artificial Blood Vessels through Multidimensional Approaches [J]. Journal of Functional Biomaterials. 2023; 14 (10):497.

[12] Ashammakhi, Nureddin et al. Kidney-on-a-chip: untapped opportunities [J]. Kidney international, 2018 94(6),1073 – 1086.

[13] Benjamin Boettner. Engineering human stem cells to model the kidney's filtration barrier on a chip [EB/OL]. (2017 – 05 – 10) [2023 – 11 – 24]. https://wyss. harvard. edu/news/engineering-human-stem-cells-to-model-the-kidneys-filtration-barrier-on-a-chip/

[14] Samira, Musah, Akiko, et al. Mature induced-pluripotent-stem-cell-derived human podocytes reconstitute kidney glomerular-capillary-wall function on a chip [J]. Nature Biomedical Engineering, 2017.

[15] Chen, Hanxu et al. Hierarchically Molecular Imprinted Porous Particles for Biomimetic Kidney Cleaning [J]. Advanced materials, 2020,32(52).

[16] Humes H D, Fissell W H, Weitzel W F, et al. Metabolic replacement of kidney function in uremic animals with a bioartificial kidney containing human cells [J]. American Journal of Kidney Diseases the Official Journal of the National Kidney Foundation, 2002,39(5):1078 – 1087.

[17] Humes H D, Weitzel W F, Bartlett R H, et al. Initial clinical results of the bioartificial kidney containing human cells in ICU patients with acute renal failure [J]. Kidney International, 2004,66 (4):1578 – 1588.

[18] Buffington D A, Pino C J, Chen L, et al. Bioartificial Renal Epithelial Cell System (BRECS): A Compact, Cryopreservable Extracorporeal Renal Replacement Device [J]. Cell Medicine, 2012,4(1): 33.

[19] Johnston K A, Westover A J, Rojas-Pena A, et al. Development of a wearable bioartificial kidney using the Bioartificial Renal Epithelial Cell System (BRECS) [J]. Journal of Tissue Engineering and Regenerative Medicine, 2017.

[20] Pino CJ, Westover AJ, Buffington DA, Humes HD. Bioengineered Renal Cell Therapy Device for Clinical Translation [J]. ASAIO J. 2017;63(3):305 – 315.

[21] Carolien M. S., et al. Schophuizen. Cationic uremic toxins affect human renal proximal tubule cell functioning through interaction with the organic cation transporter [J]. Pflügers Archiv European Journal of Physiology, 2013,465(12):1701 – 1714.

[22] Nieskens T T G, Peters J G P, Schreurs M J, et al. A Human Renal Proximal Tubule Cell Line with Stable Organic Anion Transporter 1 and 3 Expression Predictive for Antiviral-Induced Toxicity [J]. The AAPS Journal, 2016,18(2):465 – 475.

[23] Chevtchik, N., et al. A bioartificial kidney device with polarized secretion of immune modulators [J]. Journal of Tissue Engineering and Regenerative Medicine, 2018,12(7):1670 – 1678.

[24] Mihajlovic, Milos, Rueth, et al. Upscaling of a living membrane for bioartificial kidney device [J]. European Journal of Pharmacology: An International Journal, 2016,790:28 – 35.

[25] Mihajlovic M, Fedecostante M, Oost M J, et al. Role of Vitamin D in Maintaining Renal Epithelial Barrier Function in Uremic Conditions [J]. International Journal of Molecular Sciences, 2017, 18 (12):2531.

[26] Mihajlovic, M., et al., Safety evaluation of conditionally immortalized cells for renal replacement therapy [J]. Oncotarget, 2019.10(51):5332 – 5348.

[27] Fissell, William H, and Shuvo Roy. The implantable artificial kidney [J]. Semin Dial. 2009,22(6): 665 – 670.

［28］ Viguerie A, Swapnasrita S, Veneziani A, Carlier A. A multi-domain shear-stress dependent diffusive model of cell transport-aided dialysis: analysis and simulation ［J］. Math Biosci Eng. 2021,18(6): 8188 - 8200.

［29］ Montgomery RA, Stern JM, Lonze BE, et al. Results of Two Cases of Pig-to-Human Kidney Xenotransplantation ［J］. N Engl J Med. 2022,386(20):1889 - 1898.

［30］ Stone, L. Kidney xenotransplantation ［J］. Nat Rev Urol. 2023,2023,20(11):641.

［31］ Locke JE, Kumar V, Anderson D, Porrett PM. Normal Graft Function After Pig-to-Human Kidney Xenotransplant ［J］. JAMA Surg. 2023;158(10):1106 - 1108.

［32］ Colin DeVries. Pig Kidney Xenotransplantation Performing Optimally After 32 Days in Human Body ［EB/OL］. (2023 - 08 - 16) ［2023 - 11 - 24］. https://nyulangone. org/news/pig-kidney-xenotransplantation-performing-optimally-after-32-days-human-body.

第九章

血液净化数智化创新

数智化创新以临床需求为出发点,依托多种数字技术如物联网、5G、人工智能等及创新性软硬件结合,以辅助实现医疗五大场景落地:①医护工作流程智能化;②医护临床决策支持;③患者诊治流程智能化;④患者远程管理;⑤医疗资源共享。

血液净化数智化创新是指以院内诊治及院外管理为出发点,以数字化技术围绕院内院外场景,在临床管理、临床运营、数字化技术协同硬件设备等方面展开创新。相对于传统纸质手写的管理方式,以物联网技术驱动的血液净化管理系统对血透临床管理进行重构,减少人工环节,提高临床工作效率,实现血透管理模式创新。依托于患者诊治的医疗数据资源积累,结合数字化技术研发相应模块在血液净化业务流程中进行"思考"和"决策",辅助医护快速决策,甚至提高低年资或基层医护业务能力,如人工智能辅助诊断、人工智能辅助治疗及患者并发症预警等。软硬件集成创新把硬件(如治疗相关医疗器械等)与软件相结合,结合诊治全流程数据及软件管理实现三大目标:提高透析中心运营效率、辅助医护展开精准诊疗、提升患者就医体验。数字疗法创新则指由软件程序驱动,以循证医学为基础的干预方案,用以治疗、管理或预防疾病。

第一节　血液净化数字化管理创新

数字化管理创新指创造一种新的或更有效的资源整合方式,这种方式以数字化方法辅助临床工作全过程管理以达到提升运营效率的目标。目前仍有部分医院血液净化中心采取传统人工作业方式,工作人员需要面对数量庞大的血透患者,且透析过程对护理工作要求较高,细致繁琐,经常需要重复记录数据,手工传统纸质化管理方式导致工作效率低下、易出错。对于透析中心而言,数字化管理是大势所趋,有利于持续追踪患者的透析质量,也利于全科的医疗质量安全管理。

一、互联网＋血液净化患者服务远程管理平台

互联网＋血液净化患者服务远程管理平台是基于互联网技术,对血液净化患者进行远程管理的创新管理模式。根据血液净化业务的不同,可分为血液透析患者服务远程管理平台和腹膜透析患者服务远程管理平台。

血液透析患者服务远程管理平台是基于互联网技术,以血液透析患者为中心,从医疗业务流程出发,涵盖患者预约排班、透前准备、透析处方、透中监测、透后管理的全流程线上管理系统(见图9-1)。平台具备相对完善的功能,能够帮助血液透析中心的医护人员方便、快捷地完成日常工作,提高日常工作效率,更好地为患者服务。

基于互联网＋的腹膜透析患者管理平台更为重要,相对于传统的一月一次的就医随访,新的方式可大大提高医护人员的工作效率,增加患者随访的依从性。以自动化腹膜透析机器居家治疗为例,自动化腹膜透析是近年来快速发展的新型腹膜透析治疗技术,然而

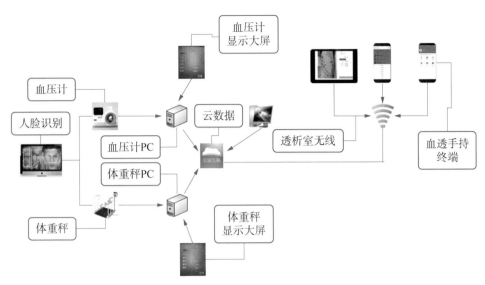

图 9-1　互联网＋血液净化患者服务远程管理平台架构图

长期以来,腹膜透析患者对治疗处方依从性差,远程腹膜透析患者服务平台可解决患者居家腹膜透析治疗数据自动采集问题。该管理模式通过院内外患者数据的采集及互通有效提高患者治疗质量。

二、互联网＋血液净化患者服务远程管理平台创新点

互联网＋血液净化患者服务远程管理平台采用互联网技术、手机移动技术(APP/小程序)、数据安全技术、物联网、5G、生物识别等多项先进技术,临床应用创新点如下:

(一) 腹膜透析远程管理系统

当前,患者远程管理系统已经成为腹膜透析数字化创新的主要方向之一。腹膜透析远程患者管理系统是一种基于移动互联网技术、智能监测模块和软件工具,实现对患者家庭腹膜透析情况持续追踪并辅助医患进行疾病管理的系统。平台通过患者自动腹膜透析机的数据远程自动采集,与院内数据实时互通,医护获得异常信息后可及时干预,通知患者随访就诊,提高患者依从性,积极预防患者腹膜炎的发生,并可利用准确的临床数据提供及时、便捷的患者管理,减少患者往返医院的次数,增强患者居家治疗的信心。

国内外主流的腹膜透析设备厂商均推出了腹膜透析设备的患者管理系统,如美国百特的 Sharesource,费森尤斯的 TDMS＋,国内创新企业韦睿医疗的"数字赋能居家透析治疗系统及多元信息管理平台",以及苏州华墨信息发布的"小墨智能腹膜透析管理平台"等多个产品。其中,Sharesource 是美国百特于 2016 年推出的一个双向远程患者管理平台,也是全球唯一一款使用双向技术的平台。Sharesource 可自动从百特腹膜透析机收集治疗数据,实时传输给医疗团队,让医护人员在家即可查看患者状态,从而进行早期干预。而费森尤斯的 TDMS＋聚焦于医院肾内科腹膜透析患者的管理,通过数字化解决方案与手机端软件

"费腹在线"相结合,帮助腹膜透析患者记录每天的透析数据,为患者提供腹膜透析相关知识宣教,提升患者依从性。

(二)居家血液透析远程管理软件

对于居家血液透析而言,远程管理显得更为重要。费森尤斯便携式居家透析设备NxStage通过经美国食药监局认证的 Nx2me 及 GuideMe 软件将患者端与临床医护端建立连接,实现治疗数据的实时传输交换、检测,从而达到提升患者体验的效果(见图9-2、图9-3)。临床层面而言,Nx2me 采集多维度临床数据,包括患者血液透析治疗数据、患者体重、血压、体温、服用药物、健康评估等数据,并为患者提供自动化操作流程、机器故障警报及提示、实时远程视频支持机器故障排除等方案。

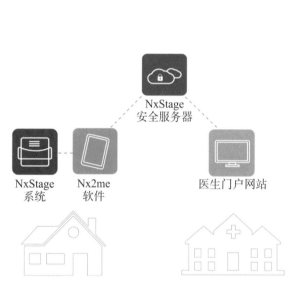

图 9-2 Nx2me 软件架构图

图片来源:费森尤斯公司

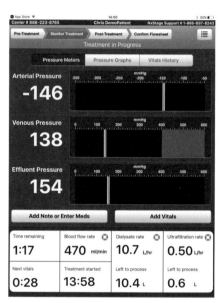

图 9-3 Nx2me 软件界面示意图

图片来源:NxStage 官网

(三)智能患者教育平台

除远程管理外,厂商还可通过互联网技术来支持用文字、图片、视频等多种方式拓展线下宣教模式,进行在线教育评估,及时制订宣教计划并调整宣教方案。德国贝朗的血液透析患者教育平台——珍析相伴(见图9-4),从患教内容、患教工具、患教社群、患教活动四个方面入手,帮助医护和患者建立院外患教沟通的桥梁,通过丰富的患教活动鼓励患者积极治疗,提高依从性。

图 9-4 贝朗珍析相伴

图片来源:贝朗公司

第二节 血液净化流程业务协同创新

血液净化流程业务协同创新是指面向血液净化业务科室,利用血液净化数据资源,以血液净化科室业务需求为导向,利用物联网、大数据、人工智能等多项技术,填补血液净化业务功能空白,优化现有业务功能。业务流程创新主要集中在以下两个方面:血液净化诊断预测业务协同创新和血液净化治疗业务协同创新。

一、血液净化诊断预测业务协同创新

血液净化诊断包含血液透析诊断及治疗过程中的并发症诊断,临床上有明确的诊断标准供医护人员参考借鉴。但当患者诊断明确时,疾病已经发生,往往错过临床上进行干预及治疗的最佳时间。高速发展的大数据及人工智能技术将可以更早期预测患者并发症,让医生及时干预,从而提高患者透析质量,改善患者生存质量。人工智能预测诊断技术以患者智能审核及风险预警、血液透析治疗期间并发症智能监测、动静脉内瘘智能监测、腹膜炎AI诊断及患者近期死亡风险智能预测为代表。

(一) 血液透析患者智能审核及风险预警

透析医生一般根据自己所能掌握的资料和经验对患者病情进行判断,开具诊疗方案,但不同的医生对患者了解程度不同,不同资历的医生临床经验也各不相同,所以很难让所有患者都能得到准确的治疗。最新的患者智能审核及风险预警系统可以帮助医生对患者近期的风险因素进行快速评估,包括干体重、血压、化验指标、抗凝剂的用量、促红素的用量、透析充分性等,从而帮助医生更全面地了解患者,做出更准确的治疗。系统能根据患者

的诊疗记录,结合近期的体重变化、超滤量、血压波动情况、透析中症状等因素自动判断风险情况,对高危风险患者则能以消息提醒医生进行合理应对(见图 9-5)。

图 9-5　患者智能审核及风险预警

图片来源:深圳云净之信息技术有限公司

(二) 透析中低血压 AI 预测

常见血液透析治疗并发症有透析失衡综合征、透析中低血压、不宁腿综合征、肌肉痉挛、皮肤干燥和瘙痒等,其中透析中低血压约发生于 20%～30%[1]的血透人群,与不良的临床结局相关。

在精准医疗时代,对比常规治疗及管理,疾病及并发症的发生、预后的风险警示、个性化及精准化的患者治疗更为重要,此类临床预测模型可筛选无症状疾病的高危个体,预测疾病发生,更好地协助医疗决策。预测模型需要将多个因素参数结合起来,并深入了解模型中各个预测因子之间的相对影响[2]。

透析中低血压 AI 预测模型的建模方法包括传统的数学模型和新型机器算法模型。传统模型在操作上相对简便,如 Logistic 回归函数和 Cox 回归函数,新型的模型则包括支持向量机(support vector machine, SVM)算法、AdaBoost 算法、朴素贝叶斯算法、随机森林、人工神经网络(artificial neural networks, ANNs)等,准确度更高,在未来将会受到更多重视[3]。使用低血压 AI 预测模型后,系统可在患者治疗期间实时推送患者发生低血压的概率,可及时提醒医护人员尽早关注患者,从而避免透析中低血压的发生(见图 9-6)。

图 9-6　低血压预警系统

图片来源:苏州华墨信息科技有限公司

(三)血液透析内瘘智能监测系统

动静脉内瘘是血液透析患者生存的生命线。临床实践表明,在血栓形成前即处理血管狭窄,比在血栓形成后再采取外科修复手术更能延长动静脉内瘘使用的时间。因此对动静脉内瘘的日常监测非常重要。目前常用的内瘘狭窄检测方法主要包括血管造影法、超声波稀释法、多普勒成像法、听诊与触诊法等,但这些检测方法存在设备昂贵、体积庞大、无法全天候实时检测、有创及需要专业人员进行操作等缺点。

随着传感器技术、可穿戴技术的发展,动静脉内瘘狭窄检测方法往小型化、简捷化方向发展,衍生出了使用声学信号进行辅助检测的方案。该类产品结合声学与深度学习技术对内瘘血管杂音进行实时测量,采用差分主动降噪技术、基于深度学习的内瘘杂音分类算法等核心技术,给予"狭窄正常""狭窄高"和"狭窄危急"三个等级结果展示。该项技术在国内外均有文献报道,Panda 等人使用集成在聚酰亚胺上的聚偏氟乙烯(polyvinylidene fluoride, PVDF)薄膜麦克风阵列来记录模拟的动静脉内瘘血管通路多个位置的杂音,使用声信号处理算法检测狭窄的位置和严重程度。首次证明了血管狭窄可以定位在 1 厘米以内,该方法在模拟装置上能够检测到血管狭窄位置且误差在 1 厘米内并能够将狭窄分为三个等级,准确率能够达到 90%[4];史秋良通过对动静脉内瘘生理信号进行分析,采用微电子机械系统(micro-electro-mechanical systems, MEMS)麦克风作为拾音传感器,设计了动静脉内瘘血流声音采集系统,并研究了基于音频信号的动静脉内瘘狭窄检测算法[5]。该技术仍处于研发早中期,市场上未见成熟产品。

(四) 腹膜炎 AI 诊断预测

腹膜炎是腹膜透析最常见的并发症,帮助居家腹透患者(特别是老年、独居患者)更早发现腹膜炎(避免贻误病情、延迟就诊)尤为重要。

北京国医通科技发展有限公司拥有腹膜炎 AI 诊断预测相关技术专利(用于自动检测症状的鲁棒图像检测的方法和系统),并已有产品在市场发布上线。该产品是一款在腹膜透析期间自动检测腹膜炎症状的系统,系统通过捕获装置采集腹膜透析期间接收流出液的流出物袋透明窗视觉信号图像,对所采集的图像进行低秩矩阵分解,分解为具有相同维度的低秩部分和稀疏噪声部分,并对低秩部分执行读取,根据预定的规则指示存在感染可能性的高低(见图 9-7)。

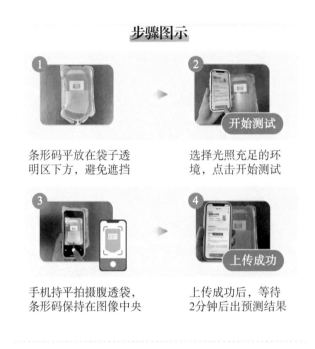

图 9-7　国医通腹膜炎 AI 诊断预测产品使用步骤

图片来源:北京国医通科技发展有限公司

(五) 血液净化患者近期死亡风险预测

当慢性肾脏病患者转为终末期肾脏病后,患者开始透析治疗后的死亡风险预测有助于医护的临床决策。通过人工神经网络及决策树等算法预测模型,可建立评估 6~12 个月死亡率风险模型,通过输入患者基础疾病、饮食习惯、生活规律、透析质控指标、骨质疏松、既往呼吸衰竭、心衰等各关键指标,即可输出患者死亡风险概率。目前国内外已有相关研究,Marleine 等使用 Photo-Graph V3 中的数据进行事后分析,并提出了一种新的预测血液透析患者全因死亡风险的临床工具[6];黄国海等基于汕头市中心医院血液净化中心的患者数据,利用多因素 Cox 回归分析患者生存预后的影响因素,构建并验证生存预测模型[7]。市场上未见成熟产品。

除此之外,通过患者治疗数据大模型可预测患者 3 个月的死亡风险高危因素并给予及时干预治疗。浙江大学附属第一医院肾脏科专家团队已率先在此领域开展了系列研究工作,并取得了初步的成果。陈江华教授团队在 3 个月的随机对照试验研究中发现,通过对血液透析患者的高死亡风险的预警预测,患者病死率明显下降,1 个月死亡风险下降 32%,3 个月死亡风险下降 24%[8]。

二、血液净化治疗业务协同创新

(一) 抗凝剂监测及调整使用

在透析过程中,患者血液被引出后与体外循环中各种物质表面(如透析管路或滤器)接触,激活凝血途径,诱发血栓形成。因此,为确保透析顺利进行,需要进行抗凝治疗。理想的抗凝目标是使用最小的抗凝剂量,保证血液透析治疗正常进行,并且不影响透析膜的生物相容性与全身凝血系统,避免出血、凝血等并发症的发生。然而临床上,血液透析专科医护人员尚未形成科学的抗凝剂用量计算方法,大部分情况可能取决于医护人员的主观判断。为了提高治疗质量,透析治疗过程中的抗凝剂监测及调整使用尤为重要。

目前市面上无成熟产品,但国外已有相关研究:An-Jin Shie 等使用 Taguchi 方法,将神经网络和反向传播网络相结合,通过转换函数来计算隐藏层数的设置,确定了血液透析程序中体外凝血发生的相关参数,以此来预测最佳凝血因子和水平的组合,获得稳定的血流环境[9];Brunot 等通过实验发现,患者体外凝血的发生率由 32% 下降至 12.9%[10],临床上利用此项技术在促红素、钙/磷代谢等治疗中也可以实现人工智能监测及调整。

(二) 血液透析尿素清除率计算软件

尿素清除率是衡量血液透析充分性的重要指标。对于病情稳定的透析患者,需要至少每 3~6 个月评估 1 次;对于病情不稳定者,通常每月需要评估 1 次。目前主要采用有创取血法进行计算,存在操作繁琐、无法连续计算等问题,可能导致患者出现贫血。与取血法相比,血液透析尿素清除率计算软件可结合患者已有指标和血液透析治疗参数计算尿素清除率,具有无创、操作简单、可连续计算等优势,能够及时调整透析方案,有效提高患者透析效果。

2023 年 2 月,北京英福美信息科技股份有限公司研发的"血液透析尿素清除率计算软件"获批上市[国械注准 20233210219(第三类)],可用于维持性血液透析成年患者的血液透析尿素清除率(Kt/V)计算(见图 9-8)。该产品依据透析前处方数据进行治疗前透析充分性目标值预测;基于局部尿素动力学模型计算患者模拟体液量,再结合患者血液透析治疗参数计算尿素清除率(Kt/V)值,供临床评估血液透析充分性;实施血液透析诊疗 360 度透析充分性监测,及时发现问题并调整透析处方。

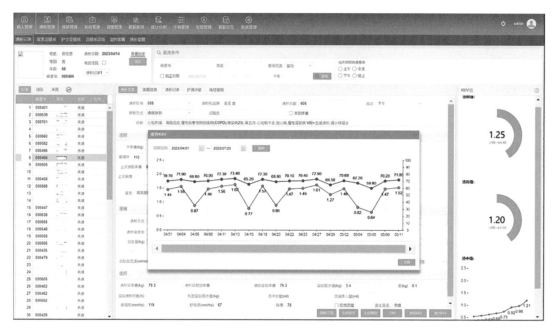

图9-8　英福美血液透析尿素清除率计算软件

图片来源:北京英福美信息科技股份有限公司

(三)肾性贫血人工智能管理软件

肾性贫血是慢性肾脏病患者常见且重要的并发症,迄今为止,由于临床复杂性及患病人群异质性,肾性贫血的管理对肾内科医生而言仍然是一项挑战。

费森尤斯贫血控制模型(anemia control model, ACM)贫血症管理软件旨在辅助临床医生开具治疗血液透析患者贫血药物的决策,是透析领域首个基于人工智能的临床决策系统并获得欧盟CE/MDR认证,通过集成到临床数据系统中的自动接口模块聚合数据。数据涵盖患者个人体征、实验室指标、透析数据、治疗方式、肾衰竭原因、合并症等。该软件为辅助决策系统,推荐处方采用与否由医生决定,前瞻性临床对照实验证明ACM能达到较高精确度,较大限度减少人为处方的波动。

从肾内科医生对软件接受程度角度而言,随着处方干预阶段的递增,医生逐步接受软件的处方建议,改善血透患者贫血的治疗效果,最大限度降低使用ESA治疗的风险并降低成本[11]。

第三节　血液净化 AI 软硬件集成创新

相对于传统的单体硬件或纯软件,软硬件集成创新模式可以把算法封装到电子医疗设备中,赋能硬件,让硬件变得更智慧、更智能,同时还可以较好地保护软件的知识产权。目前市场上已经研发出来的软硬件集成产品主要是宣教机器人、数据采集盒、内瘘监听设备、智能接诊一体机等系列。

一、宣教机器人

这是一款用于透析室接诊、宣教及与透析患者互动的机器人。宣教机器人拥有自主迎宾、语音交互、推广宣传、娱乐互动、后台远程操控、同声回答等功能,主要应用了语音识别技术、图像识别技术、电机控制技术、计算机通信技术、智能 AI 模型算法等多项技术,涉及信息、机械、材料、美学等多学科。它能够答复患者的提问,指导患者就医,对患者进行宣教。接诊机器人在全国各地医院逐渐普遍运用,但在透析室的应用才刚刚开始。

深圳云净之信息技术有限公司研发的"云小净"机器人(见图 9-9)内置 AI 芯片,具备生物识别感知功能,该设备不仅可进行雷达扫描及摄像头人脸识别,精准厘米定位,还具备360 度音源定位功能,支持全链条语音技术。其主要功能是进行自主性、个性化、智能化的宣教,既可以依托云净的数据算法体系和 AI 模型驱动,自动对患者进行合适的健康宣教,又可按照护理宣教内容的设定对患者进行月度教育、重点教育,提高患者配合度。此外,机器人还可用于收集患者意见和体验,为医护人员提供客观信息,增进患者与医生的互动,深入参与医疗和护理工作,并辅助医生进行治疗决策等。

图 9-9 "云小净"机器人

图片来源:深圳云净之信息技术有限公司

二、AI 数据采集盒

AI 数据采集盒是一款用于血透机联机,实时采集治疗中血透机数据及患者生命体征数据,封装低血压 AI 预警算法,可提前 15～30 分钟预测透析治疗过程中并发症发生的数据盒。

该产品采用混合建模,数据驱动技术,便捷部署与透析系统协同工作。数据盒基于 ARM 四核 Cortex-A7 SoC 设计,支持 Linux、Android 等系统,可配备多种接口,内置实时时钟,在断电后也能保证时间精确。根据临床业务需要,数据盒可支持多种通信方式,包括串口、有线网络、标准 USB、Wi-Fi、蓝牙等多种通信方式。该款数据盒能兼容采集市面上常见透析机品牌,可采集静脉压、动脉压、血流量设置值(处方值)、血流量、超滤率、超滤量设置值(处方值)、超滤量、剩余时间、已透时间、收缩压、舒张压、平均动脉压、心率、置换量设置值(处方值)、置换量等多个生命体征指标,同时也支持外部扩展功能开发,连接监护仪、床旁血压计等其他移动床旁硬件。患者在上机透析过程中,当血压将要低于监测值时,系统会自动及时给出预警。医护也可以直接通过移动端收到预警信息,更快地做出反应,减少急危症的发生。

三、SMART 血管听诊仪

临床上,透析患者的内瘘监测通常需通过物理检查或 B 超等方式定期在医疗机构完成,患者往往因为费用及交通等问题,无法完成常规监测;血液透析患者也可用听诊器检查动静脉瘘管声音,但这对患者的要求较高,且受主观因素影响。

SMART 血管听诊仪是一款用于血液透析患者内瘘监测的设备(见图 9-10),可实现患者居家内瘘监测。该款产品基于数字化听诊器技术,同时内置 AI 声音算法,实时预测内瘘堵塞情况。Alvis、Polcz、Miles 等利用高灵敏度的听诊电子头更高的特殊头部,记录瘘管的声音信号。开发专用程序利用人工智能识别 AVF 狭窄的声音特征信号,并研发了一款便携 AVF 无创诊断原型装置,用于预测狭窄进展,准确度约为 80%[12]。产品正在研发中,尚未推向市场。

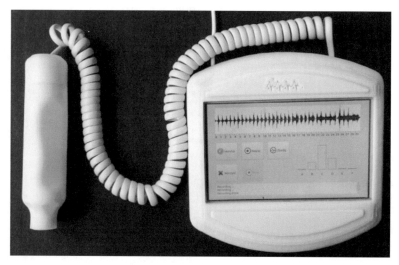

图 9-10 SMART 血管听诊仪

图片来源:公开文献

四、智能接诊一体机

血液透析医生接诊时需要称体重、测血压。最早的记录方式是医生手动填写体重、血压,记录到透析单,该方式容易产生错误,且耗费人力;此后,随着信息化系统在很多中心普及,一般以患者自助刷卡的方式自动记录体重和血压,对原有的方式进行了很大提升。但是经过几年应用后发现,刷卡的方式也一直存在弊端:①患者经常忘记带卡片、丢卡片、错刷卡片;②不能自动测体温;③部分地区医保要求刷脸打卡;④开关机操作麻烦等。

最新的智能接诊一体机(见图 9-11)可以同时实现人脸识别、刷卡、红外测温、定时自动开关机等功能,还可以实现断网情况下启用离线模式,很好地解决了以往的各种问题。并且通过集成 AI 算法,一体机还能在识别患者时,对患者进行控水提醒、血压异常提醒、化验提醒等,从而让接诊流程更加智能和方便。

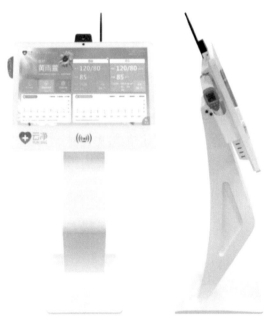

图 9-11　智能接诊一体机

图片来源:深圳云净之信息技术有限公司

五、血液透析软硬件结合"生态圈"建立

血液透析设备种类多,数据维度多,患者合并性疾病多,同时横跨临床诊疗、护理、医工等交叉学科。因此需要搭建一整套涵盖临床全工作流、联动患者院内外管理、覆盖透析全设备及数据、基于循证管理学的生态系统,使用数字化技术助力透析流程精益再造及管理,推动临床工作流再造及管理。费森尤斯在全球的实践经验表明,相比传统透析室管理模式,将现代化透析设备、水处理系统及数字技术组合在血液透析日常工作流中,可带来 65%

临床工作步骤改善,对比传统透析流程,效率提升58%[13](见图9-12)。

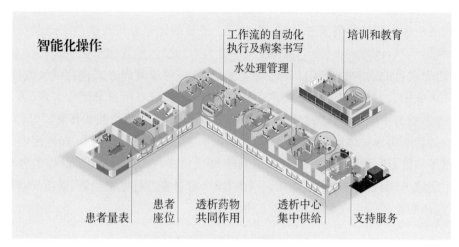

图9-12 血液透析中心智慧"生态圈"运营

图片来源:费森尤斯公司

软硬件集成创新是未来数字化创新成果展示的趋势。这种独特的软硬件集成技术对从业团队要求较高,不仅需要掌握前瞻的软件技术,还需要有扎实的硬件技术。跨行业的产品进入市场推广后,也将对企业的售后维护能力提出挑战。我们也期待着不断涌现更多更好的软硬件集成血液净化类创新产品,助力行业发展。

第四节 血液净化数字疗法

一、血液净化数字疗法产品概况及发展历程

数字疗法(digital therapeutics, DTx)是近年来全球兴起的医疗科技新概念,它是由软件程序驱动,以循证医学为基础的干预方案,用以治疗、管理或预防疾病。数字疗法可以单独使用,也可以与药物、医疗器械或其他疗法配合使用。其通过信息(如App上的文字、图片、视频)、物理因子(如声音、光线、电流、磁场及其组合)、药物等对患者施加影响,以优化患者护理和健康结果。相比于传统服务,数字疗法拥有可复制、可积累、更低成本以及更便捷的触达等优势。

血液净化数字疗法产品作为数字疗法细分领域应用方向,正处于早期探索阶段。同时因患者治疗具有周期性、持续性及稳定性等特点,其真实世界数据具有质量高、多维度等特点,具备较好数字疗法技术支撑基础。

二、血液净化数字疗法创新方向

血液净化数字疗法产品未来可探索的应用方向有以下几个方面：

1. 血液净化患者 AI 处方

患者治疗前，系统可自动生成当日治疗透析处方，治疗期间通过治疗数据模型算法给出患者最优处方建议。部分企业已相继展开此项应用的研发，可以预测，未来两三年内还会有更多的企业及科研机构陆续开展该方向的研发并取得成果。

2. 血液净化患者居家健康指导 APP

通过居家移动软件的使用，血液净化管理模型的无缝嵌入，及时干预患者的治疗行为及治疗方案，提高患者生存质量。目前患者居家管理 APP 或小程序市场种类较多，但仍未出现具有深度学习能力且可智能干预管理透析患者的 APP 或小程序，可以预见，随着透析患者对手机软件学习能力的提高，该类方向的数字疗法 APP 将会在未来治疗中发挥重要作用。

参考文献

［1］Palmer BF, Henrich WL. Recent advances in the prevention and management of intradialytic hypotension ［J］. Journal of the American Society of Nephrology, 2008, 19(1):8-11.

［2］Cowley LE, Farewell DM, Maguire S, et al. Methodological standards for the development and evaluation of clinical prediction rules: a review of the literature ［J］. Diagn Progn Res, 2019, 3(1):1-23.

［3］王李胜,童辉,杨建国,等. 人工智能在慢性肾脏病应用现状及展望[J].中国血液净化,2022,21(1):59-62.

［4］Panda B, Mandal S, Majerus SJA. Flexible, skin coupled microphonearray for point of care vascular access monitoring ［J］. IEE transactions on biomedical circuits and systems, 2019, 13(6):1494-1505.

［5］史秋良. 便携式动静脉内瘘血流状态检测系统的研发[D].苏州:苏州大学,2022.

［6］Marleine Mefeugue Siga, Michel Ducher, Nans Florens, et al. Prediction of all-cause mortality in haemodialysis patients using a Bayesian network ［J］. Nephrology Dialysis Transplantation, 2020, 35(8):1420-1425.

［7］黄国海,许少英,李绪城. 维持性血液透析患者的生存预后及其风险预测模型的构建[J].临床肾脏病杂志,2023,23(4):320-324.

［8］陈有维,盛凯翔,姚曦,等. 成人维持性血液透析患者早期病死率及相关风险分析[J].中华内科杂志,2021,60(1):35-40.

［9］AN-JIN S, KUEI-HSING L, WEN-TSANN L, et al. An integrated model using the Taguchi method and artificial neural network to improve artificial kidney solidification parameters ［J］. Biomed Eng Online, 2019, 18(7):78-81.

［10］BRUNOT V, SERRE J E, MOURAD G, et al. Heparin-free renal replacement therapy for chronic hemodialyzed patients at high risk forbleeding: a comparison of on-line predilution hemodiafiltration with conventional hemodialysis ［J］. Hemodial Int, 2018, 22(4):463-473.

［11］　María LB, Carlo B, Susana R, et al. The anaemia control model: Does it help nephrologists in therapeutic decision-making in the management of anaemia? ［J］. Nefrologia, 2018,38(5):491 - 502.

［12］　Chiang PY, Chao PC, Tu TY, et al. Machine Learning Classification for Assessing the Degree of Stenosis and Blood Flow Volume at Arteriovenous Fistulas of Hemodialysis Patients Using a New Photoplethysmography Sensor Device. Sensors (Basel). 2019 Aug 4;19(15):3422.

［13］　turahan t, matthias k, marjelka t, et al. how can modern dialysis technologies help to counteract staffing shortages in haemodialysis units? ［J］. Nephrology dialysis transplantation, 2021,36:490 - 491.

第十章

血液净化设备创新发展展望

血液净化技术发展至今已有近百年历史,前文分别从血液净化设备的发展、临床痛点与需求的分析、治疗方式的升级、设备以及耗材技术革新、数智化创新等方面,对血液净化行业的发展做了全面且深入的阐述,那么未来血液净化发展的趋势如何呢? 行业发展的机遇和挑战有哪些? 对血液净化领域的创新发展又有哪些建议呢?

第一节　血液净化设备发展趋势研判

通过对临床医务人员和患者的调研,以及对血液净化行业目前发展趋势的解读,未来的血液净化设备发展应主要体现在治疗技术创新、智能监测、人工智能辅助决策、助力回归社会等方面。

一、治疗技术创新

临床未满足的需求一直在驱动着血液净化治疗技术的发展,随着近几年在材料、制造工艺以及跨学科技术领域的不断发展,血液净化相关的治疗与技术也在不断改进和创新。

(一) 新型膜材料的应用

透析膜是血液净化技术实现清除毒素的关键所在。透析膜材料在每个阶段的迭代都显著提升透析治疗的安全性和有效性。现阶段膜材料的透析器仍只是肾脏功能的部分替代,提升尿毒症毒素的清除效率以及更优化的生物相容性永远是膜材料发展的主旋律。

基于透析膜的分子转运机制,其发展趋势可总结为以下四个方面。

1. 透析膜的膜孔工艺

接触血液侧的膜表面应当具有均匀的孔径分布,其最大孔径不应超过一定限度,从而使透析膜具有高选择性,一方面通过的毒素物质更多,另一方面也防止血液中白蛋白的丢失。接触透析液侧的膜孔设计则应当兼顾防止透析液中可能存在的细菌污染物(例如内毒素)从透析液侧穿过透析膜传输到血液侧。

2. 透析膜的材质工艺

优质膜材质的生物相容性应当包含是血液相容性和细胞相容性,避免血液净化治疗中发生蛋白质吸附、血小板黏附、血液凝固、补体激活以及溶血等现象,更利于患者的长期预后转归。

3. 透析膜的结构设计

透析膜的结构应当有足够的力学性能和机械稳定性,使之可以承受在血液透析治疗过程中所产生的压力,且不影响其结构和性能。为了使透析膜具有高渗透性,需要设计类似支撑层的这类膜结构(见图 10-1)。

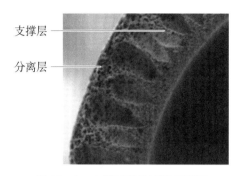

图 10 - 1　支撑层及分离层示意图

4. 透析膜的生产工艺

透析膜可以在膜的制备过程中通过与功能材料进行混合或者在膜表面进行功能化修饰,赋予透析膜更多的额外功能,如疏水性更高的清除能力、亲水性更好的相容性,并能提升抗凝性能等。

除此之外,近年来针对毒素清除的新型血液净化材料以及创新提升材料生物相容性的方法不断被设计并研制出来,取得了显著的效果。尽管在向临床应用转化过程中遇到一些瓶颈,但目前进行的前沿研究正在努力克服这些问题:

其一,部分材料的毒素吸附行为是通过利用材料本身的结构特性与毒素分子间非特异性的相互作用实现的,在使用过程中存在一定的非特异性吸附行为。将分子印迹技术引入吸附材料的设计与制备过程,可以实现对目标特定毒素的高效精准清除。目前该项技术已在马尿酸、尿素和胆红素等毒素清除方面取得进展。

其二,具有高毒素结合能力的纳米材料或小分子在结合毒素后难以与血液实现有效分离,从而引发上述材料在使用过程中体内蓄积或引发其他生物安全风险。利用可分离材料作为载体(如具有磁性的四氧化三铁微球)通过化学修饰方式负载上述材料,可以提升材料在使用过程中的生物安全性。

其三,材料本身的生物相容性是实现临床应用的关键因素。一方面基于肝素等抗凝分子在材料表面涂覆的设计思路,将一些新型的活性分子(如类肝素、聚乙二醇或纤溶酶类分子等)通过物理或化学手段修饰于材料表面,可以在提高材料抗凝能力的同时减少材料表面对血液中有效成分的吸附;另一方面针对在临床中抗凝剂无法精准定量使用的问题,通过将抗凝分子利用"开关"分子(仅在凝血因子存在条件下化学键打开并释放抗凝剂)在材料表面进行锚定,可以有效降低抗凝剂的用量,避免抗凝剂过量使用带来的副作用。

随着材料技术的不断发展,相信未来会有更多的新型材料被应用于各类血液净化模式治疗中。

(二) 理想的可穿戴透析机

现有血液透析系统毒素清除能力有限,患者生活质量还有待提升。可穿戴透析机将解决这些问题,并提供便携的、高效的、可持续的血液透析治疗,以提高患者的生活质量,减少与传统透析方法相关的不便和风险。目前基于吸附剂的透析液循环系统正在帮助解决透析液再生的问题,而由聚合物或无机材料构成的新型透析膜能够帮助提升各种尿毒症毒素的去除效果,并具有较低的膜污染水平。这项技术的发展将使患者能够更好地融入日常生活,同时获得必要的医疗护理(见图10-2)。

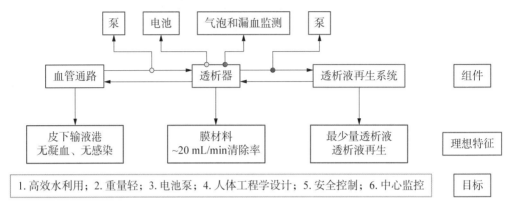

图10-2　可穿戴透析机与生物人工生组件、理想特征和目标

信息来源:公开文献[1]、蛋壳研究院

(三) 辅助型透析服务装置(机器人)

机器人是一种能够通过编程和自动控制来执行诸如作业或移动等任务的机器[2]。在未来,血液透析机器人作为辅助型透析服务装置,将成为患者的贴身护理伴侣。按照患者的预约时间和地点,机器人会自动前往患者家中,或者通过远程控制在医院、社区医院或者独立透析中心提供服务。

这类机器人通过大量临床数据的处理,辅助临床医生进行诊断和治疗决策,减少发生漏诊或误诊的风险。基于区块链技术,将确保患者医疗数据的隐私和安全。机器人还可以配备先进的辅助穿刺技术,通过精确的血管定位,辅助临床护理人员减少或消除穿刺中的疼痛和不适感。

作为协助临床工作的智能工具,辅助型透析服务装置能够实时共享透析数据,参与患者管理,进一步提高对于患者治疗安全性和有效性的监控,确保了高质量透析治疗的交付。

此外,机器人也应当更注重人机互动的应用体验,为患者提供信息、娱乐和社交支持,通过提供虚拟现实或增强现实体验的技术,帮助患者在治疗期间放松或娱乐,以减轻其焦虑和孤独感。

血液透析机器人在辅助支持透析治疗更加安全、高效、便捷舒适的同时,也减轻了医护人员的工作负担,有助于提高患者的生活质量,并推动医疗保健领域的创新和高质量发展。

(四) 革命性的人工肾脏技术

干细胞"合成"技术,将实验室培养的"人造肾脏"成功植入实验鼠体内,目前该移植肾的部分功能保持正常,能产生尿液。如果能用患者自身细胞和捐赠的器官"合成"新脏器,患者自身细胞还可避免目前直接移植他人脏器造成的排异反应等副作用。从实验鼠的成功扩展到其他哺乳动物实验,距离人体自身干细胞合成人工肾脏已不遥远。

微芯片人工肾,用微芯片滤膜和活的肾脏细胞创造一种可植入的人工肾脏,其原理是将很精密的芯片作为理想的滤膜,将身体产生的废物过滤出去,如果成功或使肾脏病患者彻底摆脱透析,且组织不会引起免疫反应,所以不会被身体排斥。微芯片人工肾和器官移植不同,不是适应免疫的匹配,而是天然地依靠病人血液运作,所需能量可完全由病人自己的心脏供给。

二、智能监测系统

患者在治疗过程中的全流程管理一直是薄弱环节。智能化监测与控制系统成为未来血液透析设备的关键驱动因素,智能化监测与控制系统的发展趋势可以总结为以下几个方面:

(一)数据实时监测分析与自动化调整

未来的血液透析设备不仅配备了先进的传感技术,能够实时监测患者的生理参数,如血压、体温、心率等,还能够将这些数据通过智能化系统进行实时分析,以识别患者的生理状态和治疗进展,给医生提供及时的患者数据,实现真正意义上的个性化治疗。

利用光学技术、非侵入方式测量中心静脉氧饱和度(ScvO2)、血细胞比容、血容量百分比,建立多参数模型,综合评估患者血容量变化。代表产品:费森尤斯 CLIC 小型探头以及 CRIT - LINEIV 监测系统。目前集成了血氧饱和度、心电分析,生物阻抗检测的无创 PPG 集成芯片,已缩减至 4.4×4.4 mm。可持续监测,无线传输,稳定性良好,未来甚至可以实现血液透析以外的 24 小时监测。

无创静脉波分析(non-invasive venous waveform analysis, NIVA)监测透析患者血容量。有研究在透析治疗中将压电传感器置于手腕掌侧静脉丛上方的皮肤,捕获外周静脉波形,通过特定算法提取静脉波形的特征信号,综合计算出一个 NIVA 值指导容量控制,非常简单直观。以此为基础,开发了便携的透析中血容量监测设备,准确率达 85.7%。

研究正在考虑相对血容量的改变与剩余绝对血容量的关系,尽可能使所有影响相对血容量的因素趋于正常化。例如:血液透析前和透析期间心态的变化、身体锻炼、食物的摄入量、心血管药物的作用时间及剂量等。相对血容量检测仪的广泛使用无疑将进一步促进对相对血容量和透析中血液动力学稳定关系的研究,这有利于更好地理解透析血压的病理生理学,尤其是对于制定"个体化"的相对血容量临界值,增加透析的安全系数具有重要的指导意义和临床科研价值。

智能化监测与控制系统可以根据实时监测数据自动调整治疗参数。例如,钠管理系统可以根据治疗期间获取的患者生理变化数值来调整透析液浓度,以最大程度地减少不适和并发症的发生,提高治疗的个性化程度,更好地满足患者的需求。

在血液透析治疗过程的指标监测中,可以把相应功能内置在血液透析设备里,也可以考虑单独研发外置的监测系统,但是如果仅仅是考虑监测,没有对报警产生的原因进行干预,很可能会错过救治患者的窗口期。而与各大厂家的血液透析机设备配套使用,是否会产生新的安全问题,药品监督管理部门是否会批准使用,均值得探讨。

(二)血管通路的辅助监测

利用光电容积脉搏波检测设备可监测内瘘流量与狭窄。光电容积脉搏波(photo-plethysmography, PPG)是一种非侵入性测量方法,通过一侧发光二极管 LED 向接收侧光电二极管(photodiode)发出的反射光信号强度测量血管的搏动情况,以此评估血液透析患者动静脉瘘的质量。指标有两个:血流量和狭窄程度。其基本原理为朗伯比尔定律,研究人员以大量数据为基础,结合机器识别算法,开发了小型自体动静脉内瘘评估设备,尺寸约 95×33 mm,重约 150 g。此检测手段克服了上述声学原理的噪音信号干扰问题,验证准确率可达 88.61%。

新技术,材料科学,特别是基于 AI 和数字医学的技术发展迅猛,不排除未来血液透析的治疗会更加安全,能尽早发现患者的潜在病症,同时也能降低人为因素带来的治疗风险。

(三)患者端智能监测

智能监测系统还可以与患者的智能设备(如手机或智能手表)集成,使患者能够更主动地参与管理自己的治疗。患者可以随时访问自己的治疗数据,了解自己的健康状况,并与医疗专业人员进行更密切的沟通。

综上所述,智能化监测与控制系统将推动血液透析设备未来的发展。这一趋势将使血液透析治疗更加个性化、便捷和高效,减少并发症的风险,提高患者的生活质量。新技术需要首先验证准确性、明确改善临床结果、存在成本效益才能够应用于临床,此外,智能医学的数据可靠性与算法缺陷可能带来假阳性"诊断"与"建议偏离"。

三、人工智能辅助决策系统

人工智能系统可以从大量的患者数据中进行归纳总结,以预测并发症的风险。通过监测患者的生理参数和治疗进展,系统可以提前识别潜在的问题,如血红蛋白浓度、血清甲状旁腺素浓度以及凝血,并采取预防措施。包括以下几方面:

(一)疾病早期发现

通过算法,人工智能辅助决策系统可以在临床上存在不确定性的情况下做出精准预测。系统根据一组输入变量(如年龄、合并症或实验室检查数值)计算患者结局概率或对患者进行风险分层,在大多数医师检测到患者病情恶化之前发现早期患者。医师对上述警报迅速采取行动后,患者存活概率可以显著增加。

(二)并发症预防

利用大数据分析技术,未来人工智能辅助决策系统通过各类模型预测患者生理参数,这有助于医疗人员提前识别潜在问题,调整药物剂量,预防并发症的发生。例如,医疗人员可以利用多层感知器神经网络(MLP)模型预测血清甲状旁腺素、血清钙和磷的浓度,调整磷酸盐结合剂、维生素 D 类似物和钙剂的剂量,防止发生慢性肾脏病-矿物质骨代谢异常。

近期有研究利用高灵敏度的听诊电子头更高的特殊头部,记录瘘管的声音信号。开发专用程序利用人工智能识别 AVF 狭窄的声音特征信号,并研发了一款便携 AVF 无创诊断原型装置,用于预测狭窄进展,准确度约为 80％。通过深度学习算法提取动静脉内瘘听诊音的特征性区分正常音、高调音、哨音和其他杂音,以四类声音信号比例来评估血液透析动静脉杂音。

Whealthy® 是由导体、电极和压阻材料组成的 T 恤,通过传感器、电极,同时采集五个心电图导联、心率和呼吸活动,对心肺活动进行比较。数据无线传输至小型计算机(重约 150 g),通过算法分析心电图数据,可在医院与居家场景下对透析患者心血管事件进行早期预警与治疗。

有研究表明,基于双导联心电图的深度学习算法可以检测到高钾血症(血清钾＞5.5 mmol/L),结果敏感性约为 90％,特异性约为 55％。该方法监测简单,如果算法合适,未来易发生高钾血症的患者可以进行每日测量,或者更进一步获得饮食指导、降钾药物或需要提示安排紧急透析。

(三) 个性化诊疗手段

人工智能辅助决策系统可以根据患者的临床反馈,模拟不同药物剂量的治疗效果,寻找让生理参数达到目标范围的最佳药物剂量,还可以分析药物剂量与远期生活质量指标的相关性,提高治疗过程中生理参数的达标率,同时减少药物消耗量。同时,也可以模拟个体每次透析的最佳处方。

未来几年,人们可能会见证人工智能/机器学习设备的出现,这些设备有助于管理透析患者,从而提高生活质量与生存率。实现实时监测、生物反馈、持续改变处方,由人工智能/机器学习设备提供的数据分析可能会在医疗决策中发挥重要作用。

综上所述,在人工智能辅助决策系统的帮助下,未来的患者可以实现疾病早期发现,及时、准确地获得疾病相关的个性化医疗决策。

四、助力回归社会

血液净化设备未来的发展趋势还包括提升患者的自由度,使他们能够更好地融入社会生活。这一发展趋势关注患者的生活质量和社交参与,旨在减少透析治疗对他们日常生活的限制。

(一) 便携式和家用设备

未来,血液净化设备将更加便携,使患者能够自如地在家中或在工作地点进行透析治疗。这种便携式和家用设备的发展将赋予患者更大的自由度,不再需要每周多次前往医疗机构接受治疗。他们可以根据自己的时间表进行治疗,从而更好地融入社会生活。

(二) 远程监测和远程医疗服务

未来的血液透析设备将支持远程监控和远程护理。医疗专业人员可以通过互联网远程访问患者的治疗数据,监测患者的生理参数,实时了解患者的身体状况,并进行远程诊断，提供治疗建议，从而减少患者到医院或诊所访问的次数，提高治疗的便捷性和可及性。患者也可以通过智能手机或电脑与医疗专业人员保持联系，定期报告治疗进展和健康状况。

（三）社交支持和康复计划

未来的治疗模式将更加注重社交支持和康复计划。患者将有机会参加支持小组、康复课程和社交活动，以建立支持系统，与病友分享经验并重新融入社会。这种社交支持将有助于提高患者的生活质量，减少他们在透析治疗期间的社交孤立感。

帮助患者进行康复训练的家用或者透析中使用的康复设备将更加便捷，对肢体的锻炼、心肺功能的提升、瘘管的保护和肌肉的强健都有更加专业的作用。

（四）患者教育和自我管理

生动有趣且结合 AI 技术的教育和自我管理将成为未来治疗的关键组成部分。患者将随时随地接受更全面的教育，了解如何管理自己的健康，包括饮食、药物管理、体育锻炼等。他们将学会更好地自我监测和自我管理，以减少并发症的风险，并提高生活质量。

通过便携式和家用设备、远程监测和远程医疗服务、社交支持和康复计划，以及教育和自我管理，患者的生活质量有望得到改善，从而更好地享受生活，回归社会。

第二节　血液净化设备发展机遇和挑战

本节将从政策环境、经济环境、社会环境、技术环境四个方面对我国血液净化设备发展的机遇和挑战进行初步分析。国家政策的大力支持、基层需求驱动技术不断发展，以及资本对行业关注度的持续提升，都推动我国血液净化设备行业的快速发展，但同时，也面临着行业集中带量采购、关键技术差距及人口结构变化带来的一系列挑战。

一、政策环境

（一）国家政策大力支持

自 2011 年开始，国家便开始在政策层面鼓励并扶持血液透析设备及耗材的发展，推动医疗器械的创新发展，提升国内企业活跃度。随后，2015 年发布的《中国制造 2025》明确表示要提高国产中高端器械在基层医院的占有率，这为国内血液透析设备企业提供了增长动力。2017 年，在《增强制造业核心竞争力三年行动计划》中，提出推动包括血液透析设备（含耗材）等在内的多个高技术壁垒产品的升级换代和质量性能提升，产业的高质量发展进程进一步加快。2020 年开始，受疫情影响，国家连续发布多个政策，提出加强大型医用设备配置规划和管理，将包含连续性血液净化设备（CRRT）在内的多个重点设备纳入重大疫情救治基地应急救治物资储备，CRRT 也因此收获了巨大的市场空间。《国家支持发展的重大装备和产品目录（2021 版）》将血液透析机列为国家支持发展的重大装备之一，鼓励企业加大研发投入，提升技术水平。2021 年，十部门联合印发《"十四五"医疗装备产业发展规划》，明确提出加强包括 CRRT、自动腹膜透析设备等在内的重点医疗装备的供给能力，同时着力攻关血液净化设备用透析膜等先进基础材料研发，加快补齐制约产业发展的基础零部件及元器件、基础材料、基础工艺等瓶颈短板，给国内企业创新发展指明了路径，也提出了更高的要求（见表 10‑1）。

表 10‑1　血液净化行业重点政策

时间	政策	发布单位	重点内容
2022 年 5 月	《深化医药卫生体制改革 2022 年重点工作任务》（国办发〔2022〕14 号）	国务院办公厅	全面推进健康中国建设，深入推广三明医改经验，促进优质医疗资源扩容和均衡布局，深化医疗、医保、医药联动改革，持续推动从以治病为中心转变为以人民健康为中心，持续推进解决看病难、看病贵问题
2021 年 12 月	《"十四五"医疗装备产业发展规划》（工信部联规〔2021〕208 号）	国家工业和信息化部等十部门	坚持"引进来"和"走出去"相结合，积极融入全球医疗装备产业链和价值链，打造国际竞争新形势。推动透析设备、呼吸机等产品的升级换代和性能提升，着力攻关体外膜肺氧合机（ECMO）用中空纤维膜、血液净化设备用透析膜；全面突破体外膜肺氧合机（ECMO）、人工心脏等关键技术。有创呼吸机、高频呼吸机、连续性血液净化设备（CRRT）、自动腹膜透析设备、经鼻高流量氧疗仪等达到国际先进水平
2021 年	《国家支持发展的重大装备和产品目录》2021 版	工业和信息化部	血液透析机作为高端医疗装备列入目录
2020 年 5 月	《公共卫生防控救治能力建设方案》（发改社会〔2020〕0735 号）	国家发展和改革委、国家卫生健康委、国家中医药局	提出了要加强大型医用设备配置规划和管理，加强重大疫情救治基地医疗设备应急储备，将包含连续性血液净化设备（CRRT）在内的 35 类设备（CRRT 排第八位）纳入重大疫情救治基地应急救治物资储备清单，加强应急物资储备，有效应对突发重大疫情
2017 年 12 月	《增强制造业核心竞争力三年行动计划（2018—2020 年）》（发改产业〔2017〕2000 号）	国家发展改革委办公厅	推动具备一定基础的高能直线加速器及影像引导放射治疗装置、血液透析设备（含耗材）、治疗用呼吸机、骨科手术机器人、智能康复辅助器具等产品的升级换代和质量性能提升
2017 年 10 月	《关于深化审评审批制度改革鼓励药品医疗器械创新的意见》	中共中央办公厅、国务院办公厅	鼓励新药和创新医疗器械研发，对国家科技重大专项和国家重点研发计划支持以及由国家临床医学研究中心开展临床试验并经中心管理部门认可的新药和创新医疗器械，给予优先审评审批

（续表）

时间	政策	发布单位	重点内容
2016 年 10 月	《"健康中国 2030"规划纲要》	中共中央、国务院	实施慢性病综合防控战略，加强国家慢性病综合防控示范区建设。强化慢性病筛查和早期发现，推动慢性病的机会性筛查，逐步将等重大慢性病早诊早治适宜技术纳入诊疗常规。
2015 年 5 月	《中国制造 2025》(国发〔2015〕28 号)	国务院	2020 年、2025 年、2030 年县级医院国产中高端医疗器械占有率分别达 50%、70% 和 95%。

数据来源：国务院办公厅、国家发展改革委办公厅等

（二）大病医保广泛覆盖

我国血液净化疾病的医保报销制度逐渐完善，报销比例不断提升，报销方式多样化发展，患者需求持续释放，体现在报销比例提高，报销范围扩大，以及腹膜透析支付方式的改进上。在报销比例上，早在 2012 年，《政府工作报告》就提出将尿毒症等 8 类疾病列入大病保障，报销比例建议达到 70%。2014 年，国家发展改革委等 6 部门发布《国务院医改办关于加快推进城乡居民大病保险工作的通知》，全面推进城乡居民大病保险试点工作，而城乡居民受益于大病保障政策，报销比例大幅提高，我国各省市血液透析大病保障的起付线以上的报销比例达到 60%～95%。医保支付比例的提高降低了患者治疗费用，提高了患者对血液透析中心、医院血透室的治疗需求，上游设备及耗材的需求量也相应地持续上升。除此之外，近年来我国各省市肾脏病治疗报销的范围也在持续扩大，部分省级单位如河北省、海南省已经发布相关指导文件，明确患者可以报销血液灌流、血液滤过费用；部分市级单位如兰州、运城、铁岭等城市也相继发布了血液灌流、血液滤过的管理方法或试行方法。医保对血液灌流、血液滤过费用进行一定比例的报销，为患者提供了多样化的血液净化治疗模式，进一步改善了透析质量。

在支付方式上，目前我国多数地区对血液透析仍实行按项目付费或者是按次付费的支付方式，部分地区则按人头包干付费，也有部分区域已对慢性肾衰竭患者的门诊透析治疗实行按病组/病种分值付费（DRG/DIP 分值付费）。在腹膜透析的支付方式上，我国部分地区也在持续改进，广东、云南等省份开展腹膜透析包干收费，以广州市职工医保参保患者为例，每月医保包干总费用提高到 7 932 元，包括腹膜透析液、腹膜透析治疗指导、腹膜透析置管术、腹膜透析治疗等费用。腹膜透析每月包干支付的费用与血液透析相当，包干支付盈余或不足的治疗费用都由院方承担，大幅提高了医院推广腹膜透析治疗的积极性。

（三）集中带量采购政策持续推进

在一定程度上，集中带量采购及血液净化设备采购等政策的推出有利于推动国产替代的进程。过去几年，高值耗材集采朝着采购方联盟化和耗材种类全面化的趋势发展。

2019 年，血液透析器首次纳入集采范畴，降价幅度达到 40% 以上；2022 年底，全国十九省（自治区、兵团）组成联盟，发布相关采购通知，准备开展包括血液透析（滤过）器、血液净

化装置体外循环管路、一次性使用动静脉瘘穿刺针、血液透析浓缩物在内的血液净化耗材全面集采；2023 年 12 月,明确由河南省牵头,二十三省(自治区、兵团)联合开展血液透析类医用耗材带量采购,实施范围进一步扩大,明确并细化了规则(见表 10 - 2)。

表 10 - 2　历年血液净化行业集采情况

时间	省市	采购品种	平均降幅(%)
2019 年 10 月	江苏南京、淮安、泰州 3 市	血液透析器等三种耗材	41.54%
2020 年初	山西	血液透析器	/
2020 年 11 月	山东淄博、青岛、东营、烟台、威海、滨州、德州 7 市	血液过滤器、血液透析器、血液透析浓缩液等 5 类耗材	35.20%
2020 年 12 月	贵州黔南州	透析粉、透析浓缩液等 8 类耗材	41.14%
2021 年 8 月	安徽省芜湖市	血液透析器	53.90%
2022 年 5 月	黑辽两省联盟	血液透析滤过器、透析液、透析粉等 11 类耗材	26.46%
2022 年 11 月	山西太原、晋中、忻州、吕梁 4 市	血液透析滤过器(包括抗凝和抗过敏)、血液透析器(高通、低通)、血液透析浓缩液、一次性透析用血液回路管	28.48%
2022 年 12 月	十九省(自治区、兵团)	血液透析(滤过)器、血液净化装置体外循环管路、一次性使用动静脉瘘穿刺针、血液透析浓缩物	/
2023 年 10 月	黑龙江省、安徽省和陕西省加入十九省(自治区、兵团)联盟采购	血液透析(滤过)器、血液净化装置体外循环管路、一次性使用动静脉瘘穿刺针、透析用留置针	/
2023 年 12 月	河南省、山西省、内蒙古自治区等二十三省(自治区、兵团)联盟采购	血液透析器、血液滤过器、血液净化装置体外循环管路、动静脉瘘穿刺针和透析用留置针	

数据来源:各省市医保局、公开信息

　　从集采品类上来看,各省市集采的耗材种类从最开始的血液透析器等单一品类逐步扩大,随着采购规模的扩大,集采政策可帮助国产企业打破固有市场份额,通过"以价换量"的方式迅速打开市场,形成新的竞争格局。

　　在设备方面,国家财政部及工信部发布了《政府采购进口产品审核指导标准》(2021 年版),明确支持提高包括医用纯水处理系统设备、连续性血液净化设备、血液透析机(单泵)、血液透析滤过机(双泵)在内的一批国产医疗设备市场占有率。该标准规定医用纯水处理系统设备及连续性血液净化设备全部采购国内生产的产品,血液透析机(单泵)采购国内生产产品的比重为 75%,血液透析滤过机(双泵)采购国内生产产品的比重为 50%。国内厂商的市场份额有望进一步提升,也将推动外资企业在国内建厂,带动本土投资热情。

　　集采政策波及面广,给生产企业带来了较大的降价和投资压力。2019 年至今,集采耗材的价格降幅虽然缩小,但波及面扩大,企业若未中标,销售将面临较大难度,集采中标成为企业的优选策略。相比之下,发展创新产品投入较大,且过程中会产生较高的折旧和摊销等费用,产品上市后需要具备较高的毛利率,创新产品一旦被纳入集采,可能会导致企业研发投入无力支撑,企业创新动力将呈现弱化趋势。此外,在集采背景下,企业也亟需提升大规模生产的能力,对暂不具备该能力的企业而言,需将大量资金应用在扩充产能上,也会减少在创新产品上的投入。例如某上市公司于2023年7月设立生物材料有限公司,以降低公司耗材成本,助力其进入集采竞争。

(四)医保政策对腹膜透析的影响

医保的对接及支付方式的限制是影响我国腹膜透析推广的核心因素之一。在自动腹膜透析领域,自动腹膜透析机价格昂贵,且目前尚未纳入医保报销范围,患者对于自动腹膜透析机的使用方式主要通过售卖或者长期租赁;自动腹膜透析相关医疗服务收费较高,目前大多省市暂未将其纳入医保报销,给患者带来较大的经济负担。具体来说,家庭腹膜透析指导(PD培训)已在17个省定价,约为40~50元/天,但其中仅有6个省可报销;家庭腹膜透析治疗(PD随访)已在16个省定价,平均约为200元/月,但其中也仅有6个省可报销,目前最高定价为北京的360元/月;一次性自动化腹膜透析管路费用较高,约为70元/次。腹膜透析目前在国内仍主要以按服务付费的方式进行,纵观美国腹膜透析的发展历程,其腹膜透析普及的方式取决于腹膜透析医保支付方式的改进,通过包干支付的方式让医院获得比按服务收费更高的利润,从而大力推广腹膜透析[3]。但目前国内只有部分省市如广州、云南等实行腹膜透析包干支付政策,其他省份的医保仍按服务项目支付,在一定程度上制约了腹膜透析的进一步推广。

二、经济环境

(一)资本对于新技术的关注度稳步上升

2010年以来,全球血液净化领域的投融资热度总体呈上升趋势,有序推动技术变革。尤其是2015年至今,全球年均融资次数达到11.3次,相比2010年的4次得到大幅提升。全球中小型创新型企业数量众多,以便携式/家庭透析设备为代表的颠覆式创新在过去十余年里获得融资12笔,包括NextKidney、Quanta、心光生物、AWAK在内的创新代表企业均得到了资本的青睐,推动了血液净化行业的升级。

分阶段来看,2016年至2020年,与血液透析设备智能管理相关的信息管理服务企业以及下游的独立血液透析中心是投资热点,信息化厂商的快速发展帮助医疗机构更加高效地管理患者信息、监控透析过程,保障治疗质量和患者安全;第三方独立血液透析中心的大量涌现也减轻了公立医院的负荷,改善了患者的就医体验。近年来,资本关注的重点又转为创新型的设备和耗材投资,如心光生物推出的便携式透析设备、关怀医疗的透析膜材料、乾晖生物研发的人工肝、奇点医疗开发的体外器官维护技术等。

(二)疫情后时代CRRT需求大量释放

新冠疫情暴露出我国医疗基础建设不足,国家出台政策支持部分定点医院建立独立的血液透析中心并加强重症监护病房(ICU)建设。在 2022 年 12 月 7 日,国务院联防联控机制综合组发布《进一步优化防疫政策新十条》,放宽了疫情防控措施的管控,同日印发了《以医联体为载体做好新冠肺炎分级诊疗工作方案的通知》,强调加强医疗资源建设,推进了医疗新基建进程。ICU 建设是医疗新基建中补齐疾病防治短板的重点内容,CRRT 在 ICU 中具有重要作用。2022 年底至 2023 年初,受防疫政策调整影响,CRRT 订单需求显著提升,预计随着疫情后 ICU 建设力度持续加大,行业有望迎来持续快速发展。2023 年 1 月,国家卫健委颁布了《新型冠状病毒感染疫情防控操作指南》,提出部分定点医院需建立独立的血液透析中心,每家配备的透析机数为 30 台。同时,《操作指南》中也提出在综合 ICU 和特定专科 ICU 中,每十张 ICU 床位需要配备 3 套 CRRT。这些措施将进一步扩大透析设备市场空间。

三、社会环境

(一) 人口老龄化影响

人口老龄化驱动血液透析及腹膜透析患者人数稳定上升,并对产品质量提出了更高的要求。根据全国人口普查数据,2021 年,中国 65 岁及以上人口达到 2 亿人,占总人口的比重超过 14%,预计到 2034 年将突破 4 亿人,占总人口比重将超过 30%。老年群体慢性肾病的发病率更高,并发症也更多,随着老龄化的进程加速,透析患者数量也在不断增加。2012 年,我国透析患者的数量为 284 621 人,2022 年增加到 984 809 人,年化复合增长率达到了13.2%(见图 10-3)。除透析患者的数量增加外,老龄化趋势也给透析治疗带来更大的挑战。老龄化的透析患者基础疾病更多(如高血压、糖尿病)、认知能力有限、治疗效果不及年轻患者,对血液净化设备及耗材提出了更高的要求(见图 10-4)。

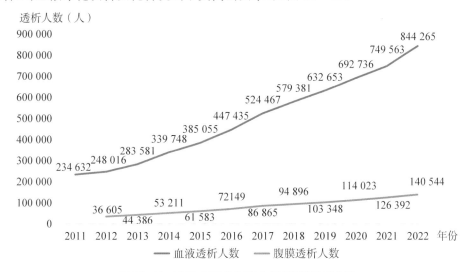

图 10-3　2011 年以来历年血液/腹膜透析人数

数据来源:中国血液透析病例信息登记系统最新透析患者数据

图 10-4　2011 年以来历年血液透析患者平均年龄

数据来源：中国血液透析病例信息登记系统最新透析患者数据

（二）人口红利消失

随着人口老龄化和生育率下降，中国人口红利消失。这对经济发展产生了重大影响，包括劳动力短缺、劳动力成本上升和市场需求减少等问题。提高自动化水平已成为一种必然选择。据国家统计局数据，2022 年国内出生人口仅为 956 万，总人口数量也出现了近 61 年来的首次负增长，历史拐点出现。积极主动适应中长期的宏观经济变化是企业的首要策略之一。工业自动化利用计算器、微电子技术，使工厂的生产和制造过程更加自动化、高效化、精确化，加快企业自动化制造流程转型能够有效对冲人口红利消失带来的用工成本上升问题。聚焦到血液净化行业，企业正逐步提升相关设备及耗材的自动化生产能力，如部分自主研发的透析回血管路成套设备，实现了接头、止水夹、采样口三通组件、大接头、止水夹、螺旋帽等组件之间的自动化组装、粘结、检测、包装，确保了产品的品质，极大地提升了生产效率，对冲了人口红利消失带来的风险。

四、技术发展

（一）底层技术的发展带动技术变迁

血液净化行业产品研发难度大、周期长、壁垒高，底层技术创新水平对于行业的发展至关重要。近年来，以计算机科学、材料科学、细胞基因技术、组织工程为代表的底层技术推动了全球新一轮科技革命，加速了产业变革，催生了新业态和新模式。

聚焦到血液净化行业，透析膜材料的演进、血管通路球囊及支架材料的升级、AI 及大数据技术与透析设备的融合以及生物芯片等技术的发展，带动了血液净化产品及治疗模式的升级优化。具体而言，在透析膜领域，自 20 世纪透析膜问世以来，制膜材料已由天然纤维素演变为高分子合成材料，解决了基础的通透性和有效性的问题，新材料的发现为透析膜带来了更大的想象空间，如麻省理工团队开发的纳米多孔石墨烯透析膜，可彻底提高透析效率并在未来应用于可穿戴人工肾。

在透析机领域,基于人工智能技术的在线检测与生物反馈系统,让透析设备变得更智能,在实时保障患者安全的同时,还能智能化调整透析处方,减少医护负担、优化治疗效果。目前,基于 AI 技术的临床决策支持系统也在进一步研发,未来或将实现血液透析的个体化治疗。在血管通路领域,以纳米材料、复合聚氨酯材料、丝素蛋白以及细胞脱基质材料为代表的新型材料,以及以 3D 打印技术、药物涂层技术、静电纺丝技术为代表的新型技术及工艺都将有效提升人造瘘及自体瘘的远期通畅率,进一步改善血管的生物相容性。在治疗模式的颠覆式创新上,3D 打印技术、微流控技术、透析液再生技术、泵的微型化技术、组织工程技术的发展让设备的小型化、微型化成为可能,并将 3D 打印肾脏、肾脏芯片、异种肾脏移植等蓝图展现在众人眼前。

(二) 数字化媒介的助力

媒介的发展使用户从被动读取信息到如今深度参与,能够获得个性化、智能化的服务,透析患者的监护效率和依从性显著提高。目前,数字化媒介可以通过医生对患者进行个化体评估并提供治疗方案,分析患者在康复过程中的生理和心理需求,提高患者的自我护理能力,实现医院与患者的实时无缝对接和信息共享,传递健康信息,提供个体化的远程诊疗服务。例如,在智能腹膜透析系统中,患者可以在平台上查看和参与互动,这极大地提高了患者的主观能动性,增强了自我护理能力。此外,数字化媒介还对患者进行康复知识和技能指导,有效解决了患者在不同阶段所面临的不同问题,减轻了患者在面对复杂问题时所产生的困扰,从而有助于改善患者的自我管理行为。

(三) 国内产品技术相较海外有差距

近年来,我国血液透析技术虽然发展较快,但在核心技术、产品质量方面仍与发达国家存在一定差距,新技术发展缓慢,透析质量还有提升空间。从耗材端来看,部分国内企业虽已逐步突破透析器关键制膜工艺,但核心原材料仍由德国巴斯夫、比利时索尔维、日本住友等进口厂商垄断;在设备端,包括费森尤斯、德国贝朗、美国百特、日本日机装、日本尼普洛等国际头部厂商生产的血液透析设备在产品的先进性、准确性及可靠性上都更受市场认可,国内厂商虽已突破部分核心技术及组装工艺,但在核心零部件上依然依赖进口,且在产品整体运行的稳定性、安全性上仍有提升空间。

除此之外,纵观全球及国内的血液净化设备发展历程,近 60 年来,血液净化设备更新迭代相对缓慢,创新热情低于其他医疗器械品类(如心血管、神经介入等领域)。而患者在延长透析龄、控制不良反应、改善生活质量、回归社会等方面仍有较大的临床需求,这也给血液净化厂商的创新提出了更高的要求。

第三节　血液净化设备发展建议

纵观血液净化设备创新发展的过程,从慢性肾脏病的诊断、治疗到康复环节,仍然有许多临床需求尚未得到有效满足,如:①在疾病诊断阶段,存在疾病漏诊误诊现象;②在疾病治疗阶段,传统治疗手段的治疗效果仍有优化空间,设备自动化功能不够完善,人工成本较高;③超纯透析和集中供液的普及程度不高,影响患者治疗效果和长期预后;④血管通路的管理缺乏有效、性价比高的工具,致使内瘘狭窄等问题出现;⑤家庭场景下缺乏及时的并发症监测,导致更复杂的疾病进展和更高昂的医疗费用支出;⑥颠覆式创新研究进展缓慢。再加上其他科学技术,特别是基于计算机的实体和虚拟技术的快速发展,血液净化的临床需求也在不断提升,患者和临床医护的期望值也在不断升级改变。

针对目前无法满足的临床需求,本书对血液净化设备的创新发展提出如下建议:

一、加强相关学科领域研究

(一)基础学科研究

高等教育层面应坚持和强化"高校招生类基础学科拔尖学生培养试验计划",培养基础医学关键领域科研储备力量。肾脏病及血液净化相关学科领域应当加速基础研究方面的发展,加强对于该方面科技人才的支持力度,与全球领先的基础医学机构和学院保持紧密的学术合作,逐步实现基础学科的科研转化。

(二)探索前沿和交叉学科研究

在高端芯片与软件、智能科技、新材料、先进制造等学科领域,关注此类学科专业与人才需求之间的联系,建立科学规范的人才需求预测预警系统,提高交叉学科人才培养与血液净化产业需求的配合程度。加速推动肾病医疗创新产品研发专业人才培养,比如生物医学工程专业、高分子材料科学专业、数学建模及人工智能方向专业等。

(三)政策和资金层面持续保障

为慢性肾脏病的诊疗技术研究和开发做好长期稳定的支持。如科技部公布的"十四五"国家重点研发计划"常见多发病发病新机制"的评审结果中,多所高等院校有慢性肾脏疾病的相关研究获批立项。

(四)鼓励临床研究的协同,加速构建创新协作体系

三甲医院和高校医学院合作开展国家重大疑难疾病(慢性肾衰竭)中西医临床协作试点项目,致力于创造具有高度原创性、影响力广泛、开拓性独特的研究成果。

二、推动临床数据规范化

互联网时代下,数据已经成为关键生产资料。医疗机构的日常工作中产生了大量的临床数据,其中透析患者包含了更多维度的数据,如基本信息、基因数据、检验检查指标、病理报告、透析和治疗数据等。

这些关键生产资料的积累,需要依赖行业监管规则的完善,推动临床对医疗数据的规范记录、整理、留存和共享。建议各城市相关部门积极推进相关数据标准的制定,建立统一、标准的数据交换规范,如上海市申康医院发展中心支持制定"IgA肾病标准数据集"。

同时,应当建立国家级、区域级慢性肾脏病及血液净化大数据中心,并与各大医院肾内科、院内透析室或透析中心及血液净化治疗相关科室打通数据接口,以实现高质量医疗数据的汇聚,为慢性肾脏病防治策略及诊疗、血液净化治疗模式发展提供科学决策支持,如由国家肾脏病临床医学研究中心与中国疾病预防控制中心慢性非传染性疾病预防控制中心牵头成立的中国肾脏病大数据协作网于 2018 年 12 月共同建立了国家医疗与健康大数据平台。在此基础上,确保数据有效采集和患者数据安全也是临床数据规范化的重要一环。

三、搭建协同创新研究平台

(一) 打造信息共享平台,提升学科科研平台的服务能力

设立重点打造慢性肾病生物治疗国家实验室,加强公共实验技术中心、动物实验中心和遗传病资源中心、慢性肾病相关数据库等公共平台建设,如国家肾脏病临床医学研究中心在重点省市的复制推广。

(二) 构建协同研发机制

关注慢性肾病临床需求和痛点,协同科研院校各基础学科和应用技术研究计划,加强与企业沟通交流。发起肾病产业研究院,打造肾病专科领域以“医教研产”为核心的医疗科技创新业态。

(三) 构建产业人才共同培养机制

以产业发展需求为重点,综合利用资源,加强交叉学科人才培养,重视在职人员专业化教育,为产业发展输送优秀的研发、技术和管理人才。如鼓励“临床多学科管理及培训工具建设—慢性肾脏病管理模式研究项目”示范培训中心的医院举办“慢性肾脏病多学科协作管理”国家级继续教育项目培训班,开展以医疗诊断专场、营养及护理实操技能为主题的专场分析会。

四、扶持创新技术产业化落地

打造产业发展生态,重点依托特色生物医药产业园区建设,围绕慢性肾病产业链主题,发挥产业链核心企业的资源优势和品牌影响力,打造孵化器,建立共享实验室、共享 GMP厂房,引进 CRO、CDMO 平台,推进优秀科研项目产业转化。应尽快完善政产学研用协同创新体系,推动创新和转型升级。加强血液透析设备和耗材等高端医疗器械等创新能力建设,不仅要重视成套设备,还要重视配件和外置监测设备的创新;推动治疗血液透析的专利到期设备、设施和耗材实现仿制上市。大力发展高性能医疗器械、新型辅料包材和透析耗材的生产设备生产线,依赖于国内先进生产和制造企业,解决透析器和原材料等核心耗材全依赖于进口的“卡脖子”现象,加快医疗器械转型升级,提高具有自主知识产权的医学诊疗设备、医用材料的国际竞争力。增强自主创新能力。健全质量标准体系,提升质量控制技术,实施绿色和智能改造升级,使医疗器械质量标准与国际全面接轨。

集聚要素资源提供优质服务,加大高层次人才引进力度,在租赁房屋、购房补贴、住房

公积金贷款、经营贷款、岗位补贴等方面出台优惠政策;提升融资服务能力,发挥地方产业引导资金、创投风投机构、中小企业信用贷款对于优秀创新企业发展的支持作用。

针对创造性强、能给产业带来颠覆性的产品(如便携式透析设备),建议相关部门发展专业医药园区,对研发生产血液透析设备、血液透析配件和耗材,也包括血液透析监控模块或外置设备的专业园区,给予一定的研发和注册的政策。创新产品的注册目前仍有较长周期,如美敦力肾去交感神经系统(renal denervation, RDN)研发周期长达14年,虽然获得了突破性设备称号,但在2023年底才刚被美国食药监局批准,该消融技术的应用是治疗顽固性高血压的另一种手段。

此外,特别要鼓励从事基础材料学研究的企业,支持组建产业联盟或联合体,构建创新驱动、绿色低碳、智能高效的先进制造体系,提高产业集中度,增强中高端产品供给能力。

随着血液透析设备和耗材等高端医疗设备市场国产化率大幅提高,需要加快实现医药工业中高速发展并向中高端迈进,加快审批流程,完成纳入医保范围的论证和谈判,对研发活动、临床试验及提交的监管审批文件等给予相应指导,从而加速创新产品的临床试验、报证获批、进入医保范围,快速构建产业化闭环。

五、构建产业化闭环体系

产业化闭环体系应当是构筑未来血液净化行业的战略性举措,旨在以血液净化行业内各利益相关方的需求来驱动,以实现效益和终点价值为目标,通过专业的医疗服务和质量控制管理等手段,打造绿色且可持续的行业经营方式。

优秀的创新产品需要提升市场覆盖程度,这是影响血液净化疗效提升和高质量发展的关键因素之一。导致优秀产品未能快速准入并实现市场覆盖的因素可以分为外部环境因素和企业内部因素。

外部环境因素主要涉及国家标准制定、政策颁布推行方面,此外,还涉及采购方的预算管理和临床使用者对于技术以及新产品的认知接受度等问题。企业内部因素主要在于对目标市场的理解、新产品的策略制定和市场整合推广等方面。因此,围绕前述问题的解决,企业应积极进行内部优化,同时努力寻求行业协会及监管部门相应的支持。具体而言,建议企业:

(1) 加大推广力度,综合应用线上线下方式对医护人员进行产品应用价值的宣传和临床实操培训,提高医护人员对创新产品应用价值的认知,提升专业能力。

(2) 积极与行业协会、权威机构等合作,推动相关标准和技术规范的制定。

(3) 积极进行相关产品的卫生经济学研究,论证产品使用的医疗价值和经济价值,加快产品纳入医保覆盖的进程,畅通产品商业推广路径。同时,也建议相关部门快速推进医保支付方式改革,实现医保基金的高效利用,拓宽医保覆盖范围。

参考文献

[1] Thajudeen B, Issa D, Roy-Chaudhury P. Advances in hemodialysis therapy [J]. Fac Rev. 2023,12:

12.

［2］郭彤颖,安东.机器人系统设计及应用［M］.北京:化学工业出版社,2016.

［3］张叶,杨莉.美国腹膜透析激励政策的经验及对我国的启示［J］.中国卫生政策研究,2022,15(4):52-58.

附录一　术语对照表

英文简写	英文全称	中文名称
3 - IAA	indole-3-acetic acid	吲哚 - 3 -乙酸
AAMI	association for the advancement of medical instrumentation	美国医疗仪器促进协会
AchR	acetylcholinereceptors	乙酰胆碱受体
ADMSCs	adipose derived mesenchymal stem cells	自体脂肪间充质干细胞
ADV	actual dialysate volume	实际透析液流量
AI	artificial intelligency	人工智能
AKI	acute kidney injury	急性肾损伤
ANN	artificial nerual network	人工神经网络
APD	automated peritoneal dialysis	自动腹膜透析
APTT	activated partial thromboplastin time	活化部分凝血活酶时间
ARDS	acute respiratory distress syndrome	成人急性呼吸窘迫综合征
ASN	American society of nephrology	美国肾脏病学会
AVF	autogenous arteriovenous fistula	自体动静脉内瘘
AVG	arteriovenous graft	移植物动静脉内瘘
BAK	bioartificial kidney	生物人工肾
BRECS	bioartificial renal epithelial cell system	生物人工肾上皮细胞系统
BV	blood volume	总血容量
BVM	blood volume monitor	血容量监测系统
CAPD	continuous ambulatory peritoneal dialysis	连续性不卧床腹膜透析
CAVH	continuous arterio-venous hemofiltration	连续性动-静脉血液滤过
CCDS	central dialysis concentrate supply system	浓缩液集中供应系统
CDDS	central dialysis fluid delivery system	透析液集中供应系统
CDS	dialysis centralized liquid supply system	集中供液系统

（续表）

英 文 简 写	英 文 全 称	中 文 名 称
CDMO	contract development and manufacturing organization	合同研发生产组织
CFPD	continuous flow-through peritoneal dialysis	持续腹膜透析
ciPTECs	conditionally immortalized proximal tubule epithelial cells	永生化近端肾小管上皮细胞
CKD	chronic kidney disease	慢性肾脏病
CKD - MBD	chronic kidney disease-mineral and bone disorder	慢性肾脏病-矿物质骨代谢异常
CK - NET	China kidney disease network	中国肾脏疾病数据网络
CMPF	3-carboxy-4-methyl-5-propyl-2-furanpropionic acid	3-羧基-4-甲基-5-丙基-2-呋喃丙酸
CNBr	cyanogen bromide	溴化氰
CNRDS	Chinese national renal data system	中国血液透析病例信息登记系统
CRRT	continuous renal replacement therapy	连续性肾脏替代治疗
CRO	contract research organization	合同研究组织
CVA	central venous access	中心静脉通路
CVC	central vein catheter	中心静脉导管
CVOD	central venous occlusive disease	中心静脉闭塞性疾病
CVVH	continuous veno-venous hemofiltration	连续性静-静脉血液滤过
CVVHD	continuous veno-venous hemodialysis	连续性静-静脉血液透析
CVVHDF	continuous veno-venous hemodiafiltration	连续性静-静脉血液透析滤过
DCB	drug-coated balloon	药物涂层球囊
DC - MA	dynamic-crosslinked microgel assembly	动态交联微凝胶组装体
DCSB	drug coated scoring balloon	药物涂层刻痕球囊
DEHP	diethylhexyl phthalate	邻苯二甲酸二辛酯
DHD	daily hemodialysis	每日血液透析
DNA	deoxyribonucleic acid	脱氧核糖核酸
DOPPS5	dialysis outcomes and practice patterns study 5	透析结果与实践模式研究第五阶段
DOPPS	dialysis outcomes and practice pattern study	透析预后与实践模式研究
DSA	dextran sulfate-cellulose adsorption	硫酸右旋糖酐吸附法
DTx	digital therapeutics	数字疗法
EBV	effective blood volume	有效血泵流量

(续表)

英 文 简 写	英 文 全 称	中 文 名 称
$ECCO_2R$	extracorporeal carbon dioxide removal	体外 CO_2 清除技术
ECMO	extracorporeal membrane oxygenation	体外膜肺氧合技术
ePTFE	expanded polytetrafluoroethylene	膨体聚四氟乙烯
ERA	European renal association	欧洲肾脏协会年会
ESA	exogenous erythropoietin agent	外源性促红细胞生成素
FDA	food and drug administration	(美国)食品和药物管理局
FEP	fluorinated ethylene propylene	氟化乙烯丙烯共聚物
FFP	fresh frozen plasma	新鲜冰冻血浆
FPSA	fractionated plasma separation and adsorption	分级血浆分离吸附
GDPs	glucose degradation products	葡萄糖降解产物
GMP	good manufacturing practice	良好生产规范
GNA	galanthus nivalis agglutinin	雪花莲凝集素
HA	hippuric acid	马尿酸
HAV	human acellular vessel	人类脱细胞组织工程血管
Hb	hemoglobin	血红蛋白浓度
Hct	hematocrit	血细胞比容
HDF	hemodialysis filtration	血液透析滤过
HD	hemodialysis	血液透析
HDP	hemodialysis product	透析量指标
HF	hemofiltration	血液滤过
HHD	home hemodialysis	居家血液透析设备
HPB	high pressure plain-balloon angioplasty	高压球囊
HPG	hyperbranched polyglycerol	高支化聚甘油
HP	hemoperfusion	血液灌流
HSA	human serum albumin	人血清白蛋白
HVP	high volume plasma exchange	大容量血浆置换
ICU	intensive care unit	重症监护病房
IgA	immunoglobulin A	免疫球蛋白 A
IgE	immunoglobulin E	免疫球蛋白 E
IgG	immunoglobulin G	免疫球蛋白 G
IgM	immunoglobulin M	免疫球蛋白 M
IHDF	intermittent infusion hemodiafiltration	间歇补充型血液透析滤过

（续表）

英 文 简 写	英 文 全 称	中 文 名 称
IL-1	interleukin	白细胞介素
iPTH	intact parathyroid hormone	全段甲状旁腺激素
IS	indoxyl sulphate	硫酸吲哚酚
JSDT	Japan society of dialysis therapy	日本透析医学会
K/DOQI	kidney disease outcome quality initiatives	美国肾脏病预后质量倡议
LDL	low density lipoprotein	低密度脂蛋白
LENS	laser engineered net shaping	激光净成形
LPVS	lung protective ventilation strategy	肺保护性通气策略
MALDITOF	matrix-assisted laser desorption ionisation time-of-flight mass spectrometry	基质辅助激光解析电离飞行时间
MARS	molecular adsorbents recirculating system	分子吸附再循环系统
MFV	multi-furcated vessels	仿生多分叉血管
MG	microglobulin	微球蛋白
ML	machine learning	机器学习设备
MLP	multi-layer perceptron neural network	多层感知器神经网络
MODS	multiple organ dysfunction syndrome	多器官功能衰竭
NIH	venous neointimal yperplasia	静脉内膜增生
NIR	near infrared	近红外
NKF-KDOQI	national kidney foundation-kidney disease outcome quality initiative	美国国家肾脏基金会-肾脏疾病结局质量创议组织
NONMEM	nonlinear mixed effects model	药效学非线性混合型模型
nPNA	normalized protein equivalent of total nitrogen appearance	标准蛋白氮分解率
OCM	online clearance monitor	在线清除率监控
OL-HDF	online-hemodialysis filtration	在线血液透析滤过
PAK	portable artificial kidney	便携式透析设备
PA	plasma adsorption	血浆吸附
PB	plain-balloon angioplasty	普通球囊
PBUTs	protein bound uremic toxin	蛋白结合型毒素
PCB	polycarboxylate betaine	两性离子聚羧酸甜菜碱
PCR	polymerase chain reaction	聚合酶链式反应
PCS	P-cresyl sulfate	硫酸对甲酚

(续表)

英 文 简 写	英 文 全 称	中 文 名 称
PDAP	PD-associated peritonitis	腹膜透析相关性腹膜炎
PD	peritoneal dialysis	腹膜透析
PDS	peritoneal dialysis solution	腹膜透析液
PEG	polyethylene glycol	聚乙二醇
PE	plasma exchange	血浆置换
PHEMA	polymer 2-hydroxyethyl methacrylate	水性聚合物甲基丙烯酸-2-羟基乙酯
PPG	photo-plethysmography	光电容积脉搏波
PTA	percutaneous transluminal angioplasty	经皮腔内血管成形术
PA	pressure of arterial	动脉端压力
PTFE	polytetrafluoroethylene	聚四氟乙烯
PTH	parathyroid hormone	甲状旁腺激素
PU	polyurethane	聚氨酯
PV	plasma volume	血浆容积
PVP	polyvinyl pyrrolidone	聚乙烯吡咯烷酮
PV	pressure of venous	静脉端压力
RCT	randomized controlled trial	随机对照实验
RDN	renal denervation	肾去交感神经系统
RNA	ribonucleic acid	核糖核酸
RPM	remote patient monitoring	腹膜透析远程患者管理系统
SAV	skeletal acellular vessel	骨骼无细胞血管
SB	scoring balloon	刻痕球囊
SG	stent graft	覆膜支架
SNMs	silicon-based nanoporous membranes	硅基纳米孔膜
SPAD	single-pass albumin diafiltration	单向白蛋白透析
SUF	simple ultrafiltration	单纯超滤
SVM	support vector machine	支持向量机
TCVO	thoracic central vein obstruction	胸腔中心静脉阻塞
TMP	transmembrane pressure	跨膜压
TNF	tumor necrosis factor	肿瘤坏死因子
UFR	ultrafiltration	超滤速率
UKM	urea kinetic model	尿素动力学模型

（续表）

英 文 简 写	英 文 全 称	中 文 名 称
UPLVS	ultra protective lung ventilation strategy	肺超保护性通气策略
USRDS	unites states renal data system	美国肾脏数据系统
WAK	wearable artificial kidney	可穿戴式透析设备

附录二　公司名称对照表

英文名称	中文名称
Acotec	先瑞达
Argon Medical Devices Holdings, Inc.	爱琅
Asahi	旭化成
B. Braun	贝朗
Bard	巴德医疗
BASF	巴斯夫
Baxter	百特
Becton, Dickinson, BD	碧迪医疗
BOSCH	德国博世集团
Cardionovum	凯德诺
Chevron Chemical Corporation	谢符钦克
Covidien	泰科
Deutschen Amphibolin-Werke	德国DWA
Dow Chemicals	陶氏化学
Fresenius	费森尤斯
Galaxy Surfactants Ltd.	加尔迈化学
GAMBRO	瑞典金宝
GAMBRO Lundia AB	金宝·路迪纳
Kaneka	日本钟化集团
Kuraray	可乐丽
Laminate Medical Technologies	拉米内特
Lauer	劳铒

（续表）

英文名称	中文名称
LivaNova	理诺珐
Maquet	迈柯唯
MEDIKIT	日本美德
Medtronic	美敦力
Miltrnyi Biotec	美天旎
Mimetas	安捷伦
Nicast	尼卡斯特
NIKKISO	日机装
Nipro	尼普洛
NSK	日本恩斯克集团
Philips	飞利浦
Renal Solution	伟诺医药
Rohm & Haas	罗门哈斯
SEW EURODRIVE	德国赛威传动设备公司
SKF	瑞典斯凯孚集团
SOLVAY	苏威
SUMITOMO	住友
Toray	东丽
Vascutek	威斯泰克
Xenios	森诺时